U0029399

工頭堅的
龍馬之旅

工頭堅
Ken Worker

推薦序

十年光景能成就什麼？始終相信所謂「十年磨一劍」，在三千六百五十多天的日子裡，總能完成一件值得投注生命最精華片段的事。一位不羈的旅人，花卻十年光陰，走過一名傳奇人物一生曾踏足的過往。他，就是工頭堅，所追尋的，就是坂本龍馬。

曾聽過一場座無虛席的講座，工頭哥敘述著關於坂本龍馬的一生，以低沉而穩重的口吻娓娓道來，雖不疾不徐，卻在不甚明顯的抑揚頓挫中，流露出彷若描述著自己歷經潮起潮落的生平。

論及坂本龍馬，工頭哥總能源泉萬斛，從生平聊至歷史乃至於地域，或許更切合地說，在工頭哥身上倒真能端詳出部分坂本龍馬的意念。

規劃一趟短程旅行並非難事，相對來說，花十載寒暑完成一段完整無缺的旅程，卻不是件容易的事。從史料裡的字裡行間理出頭緒，並按圖索驥穿梭日本各城市鄉鎮間，不僅拼湊出坂本龍馬仗劍江湖的那些年，也詮釋出旅人工頭堅，對於旅程完整度的完美堅持。

旅遊節目製作人兼主持人　廖科溢

在日本，坂本龍馬是排名前五大受歡迎的歷史人物。他推動改革，形成一股動力，打破了維持了兩百六十年的封建制度，推動社會走向民主而獲得極高的評價。龍馬這個出身自土佐（高知縣）的低階武士，一步步成長茁壯，甚至產生了足以動搖整個國家的影響力，他堅毅的身影，即使是現代的我們看來，也不禁會興起強烈的共感。

龍馬自二十六歲時離開土佐，三十三歲身亡為止的這段時間，不斷來回奔走於江戶（東京）與薩摩（鹿兒島）之間，當您拾起這本明快易懂地解說龍馬重要軌跡的《工頭堅的龍馬之旅》，跟著龍馬的腳步，想像著在龍馬駐足的場所，他與周身的人們發生的逸文軼事，一定也能親炙龍馬的精神。

特定非營利活動法人京都龍馬會理事長　赤尾博章

獻給共同走過的旅伴

函館（箱館）
- 北海道坂本龍馬紀念館

滋賀（近江）
- 坂本城跡

福井（越前）
- 左內公園
- 坂本龍馬歌碑

東京（江戶）
- 千葉定吉道場跡
- 浜川砲臺跡
- 佐久間象山塾跡
- 勝海舟生誕之地跡
- 土佐藩築地中屋敷跡
- 東京復活大聖堂（尼古拉堂）
- 傳馬町牢屋敷跡
- 櫻田門
- 勝海舟、坂本龍馬師弟像

蒲賀
- 培里公園
- 信樂寺．贈正四位坂本龍馬之妻龍子之墓

神戶
- 神戶海軍操練所跡

下田
- 培里上陸之碑
- 吉田松陰踏海之地碑

工頭堅的龍馬之旅

京都（京）
- 產寧坂
- 橋本左內寓居跡
- 寺田屋
- 坂本龍馬妻阿龍獨身時代寓居跡
- 土佐藩邸跡（現 THE GATE HOTEL 京都高瀨川 by HULIC）
- 新選組不動堂村屯所跡
- 旅籠茶屋池田屋
- 五条樂園
- 蛤御門
- 坂本龍馬、阿龍結婚式場跡
- 御花畑御屋敷跡（現 Prangipani）
- 旅籠寺田屋
- 平安神宮
- 酢屋．坂本龍馬寓居跡
- 二条城
- 靈山護國神社
- 坂本龍馬、中岡慎太郎遭難之地
- 天滿屋騷動跡

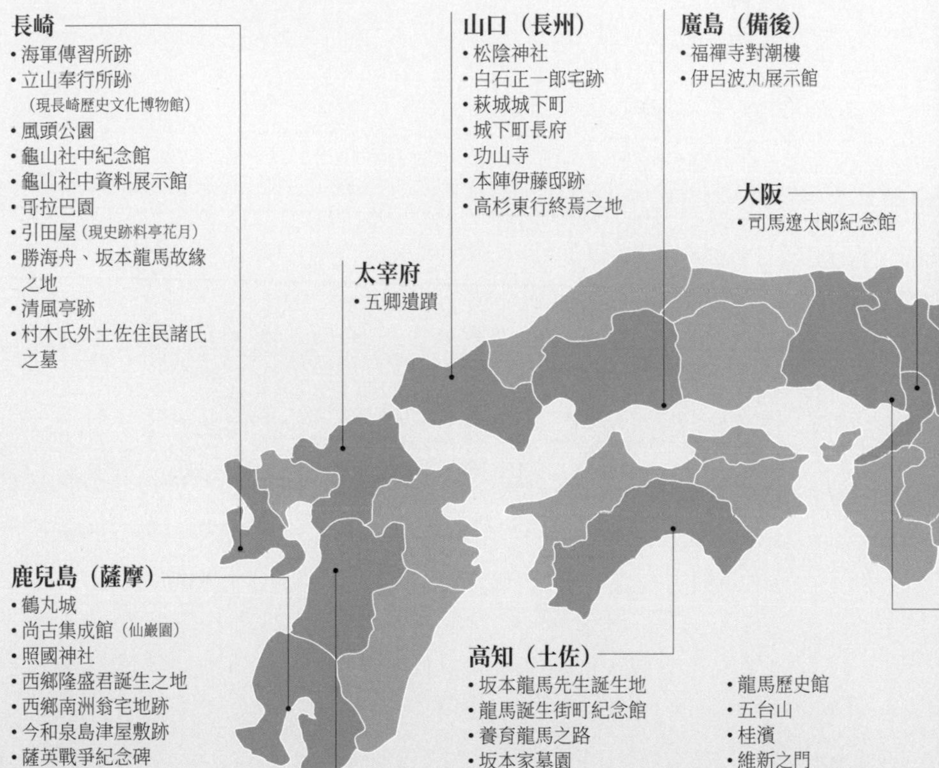

長崎
- 海軍傳習所跡
- 立山奉行所跡（現長崎歷史文化博物館）
- 風頭公園
- 龜山社中紀念館
- 龜山社中資料展示館
- 哥拉巴園
- 引田屋（現史跡料亭花月）
- 勝海舟、坂本龍馬故緣之地
- 清風亭跡
- 村木氏外土佐住民諸氏之墓

山口（長州）
- 松陰神社
- 白石正一郎宅跡
- 萩城城下町
- 城下町長府
- 功山寺
- 本陣伊藤邸跡
- 高杉東行終焉之地

廣島（備後）
- 福禪寺對潮樓
- 伊呂波丸展示館

大阪
- 司馬遼太郎紀念館

太宰府
- 五卿遺蹟

鹿兒島（薩摩）
- 鶴丸城
- 尚古集成館（仙巖園）
- 照國神社
- 西鄉隆盛君誕生之地
- 西鄉南洲翁宅地跡
- 今和泉島津屋敷跡
- 薩英戰爭紀念碑
- 維新故鄉館
- 年輕薩摩之群像
- 坂本龍馬、阿龍新婚之旅碑
- 霧島溫泉
- 霧島神宮
- 高千穗峰

高知（土佐）
- 坂本龍馬先生誕生地
- 龍馬誕生街町紀念館
- 養育龍馬之路
- 坂本家墓園
- 瑞山神社
- 武市半平太邸跡及道場跡
- 高知縣立高知城歷史博物館
- 龍馬歷史館
- 五台山
- 桂濱
- 維新之門
- 武市瑞山先生殉節之地
- 種崎千松公園
- 高知縣立坂本龍馬紀念館

熊本（肥後）
- 橫井小楠與維新群像

第二部 激動的幕末

尾韻

作者序

坂本龍馬，原是我最早想書寫的題材。

回想在成長過程，如何從日本的大眾文化，如漫畫、小說、影劇中，一點一滴累積出對這個人物的認識，進而崇拜與喜愛，最後將其視為一個「老朋友」般的存在，漫長的心路歷程，甚至可以上溯到一九八〇、九〇年代，在每個人生階段留下或多或少的影響與印記，然後在二〇〇九年，大河劇《龍馬傳》播映前夕，正式展開以龍馬史跡為主題的旅行。

原本，在那趟京都、高知、長崎的旅行完成後，便有整理成書的打算；但人生殊難預料，不久後便進入旅遊集團任職媒體與社群主管，幾年後又與老友共同創業，竟然就進入了長達十年的忙碌期，難以抽出靜心整理與寫作的時空。這中間雖仍有出版社的朋友善意邀約，卻總是被種種俗事打斷，先後也陸續嘗試過以部落格、社群平臺、講座等方式，片段地留下部分文字，但距離完成之日，始終遙遙無期。

後來心想，既然如此，那便趁著每次前往日本出差或旅行，只要有機會，便繼續蒐集與累積各地的龍馬史跡；沒想到，等到我最後一次有計畫地「撿拾」未至之處，最後再將東京都內地點走到，竟已是二〇一九年，換句話說，這段「龍馬之旅」成了跨越十年的大旅行。儘管並非連續，實際累計或也只有二、三十日，但卻是一路由青年走到中年，容貌也從飄撇小生到鬢鬚花白，真真實實的「生涯之旅」。

近兩年世界遭逢大疫，曾經頻繁的旅行也被迫按下暫停鍵，尤其中間一段必須待在家中的時期，意外地成為得以整理相片與文字的機會，因此便開始在臉書以連載的方式發表，累計八十則發文，終於至少走到了一種形式的終點，也有了重新整理成書冊的可能性。

然而經過這麼多年，不僅自己的寫作風格與心態有了轉變，閱聽人的時間，早已分給各種社群影音平臺，令我必須重新思考呈現的方式，將這些無比龐大的素材，用圖像、文字、影片等不同媒介呈現出來，即使如此，在各個階段寫下的內容，述說方式不同、鬆緊程度不一，若非獲得編輯的大力協助與提供建議，真不知要到何年何月方可真正完成。

打開記事本軟體，搜尋「龍馬之旅 序」，翻出幾年前便已嘗試寫就的文字，儘管想表達的重點已有不同，卻仍不捨丟棄；或許各位也能從字句中，感受出風格的差異，未必不是一種比較的樂趣。

幸好我最終放棄將它寫成一本嚴謹的「史地考證」，仍是相對單純的旅記；也感謝翻開這本書的你，願意和我一起走上這趟「龍馬之旅」。

【龍馬之旅原序】

每個人的旅行各有其動機，有的人為了一張圖片的美景，也有人或許是因為一座建築、或一間餐廳，當然也有人是為了購物，其實這一切動機都很好，都沒有什麼高下之分。

「跟著歷史人物之旅行」並非我獨特的發明，某些旅行團原本就有以藝術家或音樂家為主題而去旅行，也是很普遍的。坂本龍馬作為日本歷史上最有魅力的人之一，坊間早已有很多「跟著龍馬去旅行」的指南或書籍，更不用說有大河劇的推波助瀾。

在日本，從事歷史人物的旅行，相對是容易的，大到城市，小至村町，只要跟某個歷史人物有關，莫不視為當地的旅遊資源，大肆炒作，用以吸引對歷史有興趣的人來訪。只要有人來，就有消費的可能性，也促進國民的旅遊。

而日本之所以能做這樣的規劃，或許還有一點應該指出：由於「皇統」延續至今，少了朝代更迭，「由勝者寫歷史」而抹滅前代功績的狀況，相對便不明顯，即使在當下亦有「官軍」、「賊軍」之分，後世仍有平反的可能。因此，日本歷朝歷代的人物行跡，基本都被保存下來，即使是已經被破壞或不存在的，也會立碑說明。

當然，關於龍馬這個人的行跡，之所以成為我的旅行主題，還是有一些私人原因的，那或許是對一種熱血青春改革之嚮往，或者夢想航向世界之豪情。不妨這麼說：這些旅行的過程，正是我去發掘這些原因的過程。

以史為行，有個好處是，為了釐清行程中某些景點與人物的關係，以及書寫的順序，必須重複而且多方面地去查閱各種記載或史料，做交叉比對，無意中增加了許多閱讀的樂趣（當然也花了不少買書的錢）。

有一點必須提到的是，坂本龍馬這個人物，在二戰之後又獲得大眾的注目，毫無疑問司馬遼太郎的連載小說影響甚大。

司馬先生記者出身，從一九六二年開始在報上連載《龍馬行》，一九六六年完畢。司馬先生開始在報上連載小說是一九五八年的《梟之城》，而同為報人出身的查良鏞

（金庸）先生在報上開始寫武俠小說，是一九五五年的《書劍恩仇錄》，司馬先生雖起步略晚，卻幾乎可視為同一時期。而《龍馬行》的連載時間，則幾乎與《天龍八部》重疊。

或許可以這麼說，正因為這兩位大師選擇的題材之不同，甚至影響了兩個文化圈不同的取材與影劇主題。武俠小說故有其浪漫與激昂之處，但歷史小說因為基於史實，故還能邊讀邊走，也是一樂。當然跟著武俠小說去旅行也並非不行的，可惜實景與小說的想像通常出入較大，便不如歷史小說了。

話說回來，《龍馬行》作為司馬先生的歷史小說成名作，為求情節吸引人，內容還是有許多出自作者原創的人物和橋段，而且司馬先生的記者背景對於許多細節做了大量功課與實地訪察，故在旅行的過程中，分辨哪些是真實、哪些是虛構的，其實是頗費工夫。如果有些未經考證清楚的謬誤，責任當在我個人。

自己第一次進行較完整的龍馬之旅，是在二〇〇九年深秋，正逢福山雅治主演的大河劇《龍馬傳》上映之前，前後花了九天時間，當走到最後一個行跡，亦即長崎的龜山社中，站在龍馬曾眺望的風景之前，竟有完成了一場革命之感動。許多熱血和理想，在現實生活中遭受挫折的，彷彿也在那趟旅行中獲得了療癒。

又，在整理這些景點的過程，並未按照旅行順序，也非按照地區，或許是源自我在擔任領隊或導遊時，為了向團員解說歷史的前後順序與來龍去脈，常要互相印證，因此在彙整資料時，便希望循著龍馬的一生來寫，最後再以列表整理。

如此一來，讀完這些文字，便也可理解人物之生平。這並非是我獨到的寫法，卻可以說是我自己最喜歡的一種旅記類型，便也採取這樣的方式了。

想寫的歷史旅行題材很多，希望龍馬並非唯一，是為作者之幸。

序章

一五七一——一六〇一

坂本城跡

滋賀縣　大津市

「你要去坂本城跡?那裡什麼都沒有呢。」

這天，我獨自來到滋賀縣的琵琶湖畔。那是一次從福井市搭電車返回京都的途中，過滋賀到近江塩津，接JR湖西線前往「比叡山坂本」，在此站下車的旅客，幾乎全是要到附近轉乘纜車上山，去拜謁延曆寺的，只有我單獨從驛口往湖邊的方向出來。由於車站太小，沒有投幣置物箱，只能背著大背包，走向驛前排隊的計程車。

面對好心的司機老伯善意提醒，我苦笑著試著說明：「沒關係，因為就是個歷史宅，無論如何都要去一趟。」歐吉桑大概以為我是明智光秀的粉絲。

其實路程不遠，搭車兩三分鐘就到達，也不以為意。這是長年踩線養成的習慣，往往去程搭車，回程步行，一來可先熟悉路況方向，二來也節省時間體力。

這個漫長的故事，就從這裡說起吧。

司馬遼太郎先生，曾在他的長篇小說《龍馬行》中寫道，傳說坂本家的先祖，是明智光秀的後輩兼部將——明智左馬助光春，他有許多別名，也是「鬼武者」遊戲主角的原型。《龍馬行》可謂司馬先生的長篇小說成名作，儘管有不少虛構的成分，仍不失為了解關於坂本龍馬生平很好的參照。

對日本歷史有所認識的朋友一定不陌生，上述的明智光秀，便是喊出「敵人在本能寺」，叛殺了主公織田信長的那位；也因如此，他在歷史上的評價，有諸多不同面向的詮釋或爭議。但無庸置疑的，他曾是信長麾下一名大將，並且在「比叡山燒討」之後，奉命在山腳下築城，時為元龜二年（一五七一），後命名為坂本城，並成為城主。

隨著光秀的命運流轉，城池早已不在，只剩下一點基石，猶可辨認舊址。而今湖畔城跡公園，也僅有光秀的雕像一尊、解說牌與歌碑數座。一旁可見方整的石頭遺構，想必就是當初築城的位址。我在城址上站了一會、眺望四週，又信步走到琵琶湖畔，遙想當年，從這裡應該可以遠望對岸，看到信長的安土城。

據傳說，光秀兵敗殞命之後，少數部將和後人，輾轉流亡到四國。四國山地，似乎是古代敗兵之家時常選擇的流亡之地，更早的「源平合戰」，失敗的平家後人，據民間傳說不也去了四國？

以上這段，司馬先生在小說中是這麼描述的：

順便來談談龍馬的家系吧，傳說他的祖先是騎馬渡琵琶湖的明智佐馬助光春。（中略）坂本這個姓在土佐很少見，這個姓是取自祖先佐馬助光春在琵琶湖附近的坂本城而取的，所以他們家的家紋是明智的桔梗。

敗軍之將的後人隱姓埋名，最終選擇了先祖居城的名稱，改姓「坂本」。龍馬家的家紋（家徽），通稱為「組角桔梗」，意指兩個方角組成的框，當中置有桔梗，與光秀的桔梗紋相承，似乎更增添了傳說的可信度。實則桔梗紋，可以上溯到清和源氏；無論傳說是不是真的，作為一個歷史的走讀者，若非因此，又怎會站在這琵琶湖畔、空無一人的城址，並將此作為探尋龍馬身世的起點？

從坂本城跡走回車站，步行約莫二十分鐘，途中穿越社區，隨處仍可見「城址」、「外堀跡」等石碑。倘若時空交疊，此地的居民，便是住在城內或城下町了。整個坂本城的造訪時間，含去回路程，在一小時以內；包括回到鐵道高架結構下方的食肆，簡單吃了一碗平價的醬油拉麵，便可回到月臺，繼續搭電車返回京都，進行下一趟旅程。

以這樣的情境，展開一段壯遊之回憶與敘事，我覺得滿好的。

前進高知

岡山縣　岡山市　北區　驛元

從京都出發的「光」（ひかり）461號高速列車急速減緩，駛進山陽新幹線上的大站——岡山；心情也開始微微地興奮起來。

那年是我第一次來到岡山。

如果不是為了要到龍馬的故鄉——高知，應該不會特別注意到這個位於本州西南「中國地方」的城市；不過自從一九八八年第一座連結本州與四國的瀨戶大橋完工通車、穿越大橋下層的「本四備讚線」列車隨即開通之後，岡山驛成為由本州前往四國最重要（目前仍是唯一）的鐵道玄關。

其實，最具有戲劇性或儀式感的方式，應該是直接搭飛機，飛往高知的「龍馬空港」；但因臺灣沒有定期的直飛班機，日本國內線班次也有限，從經濟上考量，還是買JR Pass，以鐵道作為主要交通工具最好。

從本州經陸路前往四國，共有三條主要路線。分別是尾道今治路線（島波海道）、

一六〇一

兒島坂出路線（瀨戶大橋）、神戶鳴門路線（明石海峽大橋／大鳴門橋），但如果採用鐵道旅行，則唯一的選擇，就是由岡山出發，經由瀨戶大橋進入四國。

ＪＲ不愧為世界一流的鐵道系統，從新幹線轉到一般列車（在來線）的流程既清楚又方便；很快便進到站內，確認下一班列車的時間與月臺。

在岡山驛內順手拿了一些印刷精美的文宣品，初步構築起岡山的旅遊意象：作為岡山藩池田氏的城下町而發展起來的城市，除了有日本三名園之一的岡山後樂園，近郊的倉敷美觀地區更保留了江戶時期的倉庫、商家、運河組成的老街街景。

如果轉車時間較長，驛內還有個相當舒適高檔的休息室；從休息室的窗戶看出去，可以瞥見岡山驛前的熱鬧市容，典型的日本中型城市風貌。

來到每一站，總要試試當地的特色驛弁（鐵路便當）；從招牌的「桃太郎之祭壽司」也才猛然想起：是了，岡山不就是知名的桃太郎傳說發源地嘛。雖說這種民間傳奇人物，後世對於其出生地往往眾說紛紜，但由於岡山縣盛產白桃，遂成為較有力公認的桃太郎故鄉。

桃太郎之祭壽司，連弁當盒都做成一個大桃子形狀；原本我很想洗乾淨後帶回來，可仔細想想也真是無用之物，最後放棄了。盒中並不是雉雞腿、猴乾、狗肉或者鬼排骨（？）之類的桃太郎主題料理，而是一般的山珍海味漬物，份量和口味都不錯。

買好了午餐，找到五、六、八月臺入口；從本州開往四國的快速列車，包括潮風（往松山）、南風（往高知）、渦潮（往德島），以及海洋快線（Marine Liner，往高松），都在此乘坐。

這四種列車、四條路線，跨越瀨戶內海，通往南方的四國島上西、南、東、北四個不同縣的縣廳所在地（愛媛縣、高知縣、德島縣、香川縣），也就是日本古代的伊予、土佐、阿波、讚岐四個「令制國」，正是「四國」這個島嶼名稱的由來。

我和旅伴的目標，是土佐高知。這段車程，因尚未全線電氣化，採用柴油列車，約需兩小時四十分，可以想像，就好比從臺北到花蓮。

月臺上，開往高知的特急南風列車已經啟動待發。這是ＪＲ四國的 N2000 系氣動車；因應穿越四國山地時鐵道蜿蜒的狀態，採用了擺錘（振子）式的設計。看到車門旁的字幕打著「特急 高知行」，心想終於要踏上這段想望多年的行程了，不禁還是有些激動。

這段車票是在關西空港驛使用 JR PASS 預訂的，不知是否站務人員特別針對外國旅客的貼心，把我們的座位劃在最後一排，座椅後的空間正好可以擺放登機箱尺寸的行李，非常方便。

不過，對我來說，更有意思的可能是車廂連結處有吸菸室的設置。目前日本的各大城市以及大多數ＪＲ車站、月臺，逐漸推行禁菸政策；唯有在這種比較鄉下的舊式列車上還可以看到這人性化的便利服務。

原本對於這趟由岡山到高知、歷時兩小時四十分的車程並沒有太多想像，單純覺得是前往目的地的過程，但是卻意外地充滿了驚喜。出發約半小時，過了岡山縣南端的兒島驛之後，南風列車開上了瀨戶大橋，這時車內也特別廣播介紹兩邊瀨戶內海的景觀。

我再度慶幸是坐在最後一排：因為上橋之後實在太興奮了，也顧不得旁人的目光，站著拿起相機往兩旁車窗外一陣連拍；還好眾人也似乎都被風景吸引著，不以為意。這日的天氣和視野極佳，瀨戶內海的景觀甚美。以前曾有一段時間很流行由九州、關西到關東的團體旅行，中間有一段坐船遊內海的行程，但我一直沒走過那樣的行程，所以嚴格來說當時是第一次見到瀨戶內海（事實上是「飛越」內海），更是興奮莫名。

想起小林紀晴《日本之路》中的一段文字：

瀨戶內海看起來像一座巨大的湖。因為，三百六十度，不管朝哪個方向，或近或遠，島看起來都像是連續著好幾重一般。我從不知道有這樣的風景。在日本存在著這樣的風景。

接近四國這一頭，港口及工業設施開始出現，從地圖上看，這是香川縣坂出港的番之州工業區，橋頭有個瀨戶大橋紀念館與紀念公園。

在四國的第一個停靠站，是距離港口不遠的綾歌郡宇多津町；明明都是在日本，然而到了四國，城市的樣貌便彷彿有一點微妙的不同，房舍和道路的尺寸，似乎都比本州小了一號，或許只是自己的心理作用。無論如何，我特地走到月臺，初次踏上四國的土地，拍下了車站的名稱。

過了宇多津、多度津，儘管還是同一部列車，但已由「本四備讚線」接上了「土讚線」；顧名思義，是連接讚岐與土佐兩「國」的路線。列車續往南行，窗外的景觀轉變為純粹的鄉間風光；四國村屋農舍的風格的確較本州更簡單純樸，老式的房屋也更多些。香川縣是以前的讚岐國，而正如大家所熟知的，也是「烏龍麵之鄉」。

四國的車站名稱保留了部分的古風。好比說在香川縣境，就有不少冠上「讚岐」字首的驛名（讚岐塩屋、讚岐財田），而穿過讚岐山脈、到了德島縣境，則出現以「阿波」為字首的驛名（阿波池田、阿波川口）；依此類推，同樣在其它兩縣也有許多「伊予XX」、「土佐XX」等驛，旅客就容易了解自己身在何處。

土讚線上的阿波池田驛，位於讚岐山脈和四國山地兩大山系的峽谷中間，是轉往德島縣內其它各驛的轉運站，上下乘客多，停留時間也長些。當年「男兒立志出鄉關」的坂本龍馬，從土佐要往江戶去修習劍道，也必須翻山越嶺來到這裡，才能沿著吉野川的溪谷往東、到鳴門搭船前往本州。

途中瞥見某些小站停靠的列車，車廂外的塗裝，令人想起早年的莒光號；彷彿是臺灣鄉間失落的景色。離了阿波池田往南，便進入長隧道，列車開始穿越島上的「中央山脈」四國山地了。

四國的總面積大約是臺灣的一半，但如果把臺灣往右轉個九十度，和四國的地形卻有些微妙的相似：臺灣的山脈是南北縱向、四國的山地是東西橫貫，在山脈的盡頭與兩側，都有小規模的河口平原或盆地，形成分散式的聚落與城鎮，由於大山阻隔，各有不同的風土民情。

有不少旅客在「大步危」下車，多是銀髮的老先生老太太，列車頓時變得空了許多。特急南風繼續沿著吉野川上游，在隧道與溪谷中穿行，進入土佐國境；一明一暗不連續的風景，引我遙想到土佐的早年歷史去……

上古和中古時期的日本，發展多集中在九州與本州西部，與之相比，面對著太平洋、又被崇山峻嶺阻隔的四國南部，是個不折不扣的「後山」；在平安時代之前，還是個流刑地，亦即流放犯人的地方。

有一支被稱為「長宗我部」的氏族，據傳是亞洲大陸「渡來人」秦氏後裔，大約在平安末期、鎌倉幕府初期，來到土佐據地發展壯大；到了戰國時代，長宗我部元親遠交近攻，先是統一了土佐（一五七五），又在十年中陸續擊敗阿波、讚岐、伊予，成為四國霸主，迎來了短暫的全盛時期。

傳統日本的社會階級是武士高於農民，以農養兵；但是元親在土佐實行了所謂「一領具足」的兵農合一制度，等於是全民皆兵。這種制度優劣互見，但總是土佐的社會階級特色之一。

好景不長，先是豐臣秀吉軍事介入四國，將阿、讚、伊三國納入自己的領地，逼迫土佐臣服；秀吉死後的數次東西（關東VS.關西）內戰中，元親之子長宗我部盛親在西軍陣營，最後被德川家康為首的東軍打敗；德川「沒收」了土佐，並將它封給自己麾下的功臣山內一豐，他正是同樣改編自司馬小說的大河劇《功名十字路》之主角。

山內一豐於慶長六年來到土佐，入主浦戶城，換算成西元是一六〇一年。

於是，山內家開始成為土佐的國主（後來稱為藩主），隨他而來的統治階級武士稱為「上士」，而原本長宗我部氏的一領具足武士們，則成了社會地位相對低下的「下士」。

如果用現在的說法，土佐山內家，可說是名符其實的「外來軍事政權」。由於原本效忠長宗我部氏的武士不服統治，山內家因而訂定了嚴苛的上、下士階級區分，這在日本其它藩是比較少見的，長期以來激發著不滿與對立的情緒。失去尊嚴的下士們連帶對於把土佐「送」給山內家的德川幕府，也懷有國仇家恨。

到了幕末的激動時代，二百多年飽受欺壓的土佐鄉士大量「脫藩」，成為驅動倒幕的關鍵力量；這恐怕是當年拜領德川家康恩賜二十萬石領土的山內一豐，想像不到的結局吧。

遙想著那樣的情節，在搖晃的列車中，漸漸有了睡意；土讚線鐵道在大杉驛拐了個彎，離開吉野川溪谷，繼續穿越隧道，往南直下高知平野。恍惚之間，那感覺彷彿是要回到自己的故鄉宜蘭一般，朝著太平洋岸的方向，飛馳而去。

在前述提到龍馬家系的《龍馬行》段落中，同時寫道：「明智滅亡後，佐馬助的庶子太郎五郎逃到土佐，住在長岡郡才谷村，成為長宗我部家的一領具足。」在許久之後的某次旅行中，我曾特地開車前往這個才谷村，它實際的位置，就在進入平野之前，是個山坳裡的偏村，確實適合隱姓埋名地躲藏。

雖是後話，但當地仍留有「才谷龍馬公園」、「坂本太郎五郎之墓」以及小小的坂本神社；尋訪的那天下著雨，整個山裡只有我一人，倍感寂寥、甚至陰森。

列車在山谷中續向南行，過「新改」驛之後不久，穿出山地，視野忽然遼闊，已經進入高知平野。進入市區之前，這擺錘式列車帥氣地轉了個車身極度傾斜的大彎；高知驛就在前方不遠了。

第一次看到龍馬故鄉時的心情，此刻回想，依然記憶猶新……

第一部

年少歲月

一八三六——一八五七

高知驛

出口
Exit
← 2
今度の発車は
Next Train
LOCAL

高知

高知縣　高知市　榮田町

特急南風九號進入高知驛，是下午兩點四十三分的事。與土讚線沿途其它的車站比起來，高知驛明顯地展現了輕巧的未來感，也和我在香港作家湯禎兆的《情熱四國》書上看過的鄉下水泥車站相片樣貌大不相同；查了資料，才知道這是在二〇〇八年二月、伴隨著市區鐵路高架化工程才正式啟用的新驛舍。高知縣的森林覆蓋率高達八四%，是日本第一；縣內所產的「魚梁瀨杉」和秋田杉與吉野杉並稱日本三大美杉，所以高知驛舍的圓頂內緣建材都用上好杉木，抬頭仰望木與金屬的融合建築，立時感受到濃厚的地方特色。高知驛其實並不大，只有單一兩側的月臺，有點像縮小版的臺灣高鐵站；由建築師內藤廣設計的造型，有種簡潔洗鍊、傳統與現代並存的美感，市民暱稱它為「鯨巨蛋」（くじらドーム）。

看到「高知」的驛名牌，實際上又有些感動。牌子上的「D45」代表土讚線（Dosan）第四十五個車站，「K00」則是從高知（Kochi）到窪川（Kubokawa）

共二十六站的起始編號。從月臺上往驛前（南口）方向看去，第一印象：真是個整潔而寧靜的小城。同時也看到了高知市區傳說中的交通工具——土佐電鐵。

從月臺下到驛舍內，不用說立刻強烈感受來到了「龍馬之城」；無論是歡迎的大海報、全新版本的「GUIDE高知」導覽手冊、市內或縣內相關景點的簡介摺頁，在站內的服務臺前都可以免費取得。

配合NHK大河劇的播映，二〇一〇年時高知縣特別舉辦了「在土佐遇見龍馬博覽會」（土佐・龍馬であい博），我造訪的時候，在車站就看到非常醒目的倒數計時看板；由右至左畫著龍馬、阿龍（龍馬的妻子）、彌太郎、（中岡）慎太郎、約翰・萬次郎等幾個代表人物公仔圖像。「遇見龍馬博覽會」一共分為四個展館，除了高知驛南口的「龍馬主題館」之外，還有三個衛星館：安藝「岩崎彌太郎館」、土佐清水的「約翰・萬次郎館」，以及檮原町的「維新之道館」。

以前在書上看過的介紹，高知代表性的驛弁是將米飯包在整隻鯖魚腹中的「鯖之姿壽司」（鯖の姿ずし），非常有特色，心想就算不特別愛吃魚，也該買來試試。

龍馬出生地

高知縣 高知市 上町

關於龍馬的出身與家世，在此引用司馬遼太郎《龍馬行》的一段文字：

在坂本家方面，寬文年間第四代八兵衛搬遷到高知本町筋開創造酒業而富裕起來。到了五、六代財富五車，到了第七代直海的時候把家業讓給弟弟，買了鄉士的資格恢復原先武士的身分。領地是一百九十七石，俸祿是十石四斗，府邸與本家才谷屋背靠背而立。

用白話文來說，龍馬家原是豪商「才谷屋」，後來才「買」回武士身分，但即使如此，也只能買到「鄉士」（下士）身分，是無法成為「藩士」（上士）的。土佐藩這個「上士、下士」的階級制度，之後對龍馬的人生、乃至歷史的發展，都產生了一定的影響。

所謂領地一百九十七石，究竟是多大，當下實在沒概念。但我一直糾結在「府邸與本家才谷屋背靠背而立」這句話上，因為若以現今標示的位址，這兩個地方無論如何是無法「背靠背」的。從模型來看，龍馬生家的占地比起左鄰右舍算是大的，上方便是「本町筋」，而下方的「水通町」，水道至今仍在，流經紀念館前。但如果要符合司馬先生的敘述，只能解釋為在創業初期，周邊土地都是坂本家的，但是到了幕末時代，已經陸續成了町家吧。希望能找到更多佐證，來釐清這點。

要從高知驛抵達龍馬出生的上町一丁目，還有一個主題是不能忽略的，那便是超過百年歷史的「土佐電氣鐵道」，通稱土佐電鐵或簡稱土電。從札幌到鹿兒島，日本各城市仍保存路面電車的不在少數，嚴格來說土電也不算特別稀有，但相較於不少路面電車已經改用新型列車，至少在二〇〇九年的當時，土電仍是非常樸素的昭和風格。

坦白說，以前常認為如果不是龍馬，一般旅客似乎沒有太多理由來到高知；但現在覺得這麼說也不太公平，作為距離近畿地區相對不遠、又位於離島山後之南國土佐，仍有其面對太平洋的特殊風土魅力，雖然高知驛前的風景已經完全現代化了，新穎得令人甚至感覺有些寂寥，但因為土電的存在，對於旅人來說，便多了一項異地的魅力。

當年去的時候，「土佐電鐵」或「土電」的名稱四處可見；不過現查資料，因為某些經營權上的糾紛，當地幾家交通會社，已在二〇一四年改組為「TOSADEN（土佐電交通」，企業識別一新，記憶中的風景畢竟還是一點一滴地流失了。

上町一丁目
こめん
614

在如今的高知市，中村街道上，上町一丁目的電車站旁，上町病院前，立著一座「坂本龍馬先生誕生地」石碑，從地圖上看，可想像當時的一丁目，整個街廓便是龍馬的生家，亦即現今病院的所在地。這石碑雖是略顯低調地後退於街道邊緣、建築物的影子下，但路過的旅人卻不難錯過，原因是石碑對面的兩個人行道座椅，皆以龍馬為主題裝飾，一邊是手槍，一邊是坂本家的桔梗家紋，居中則做成船的舵輪，圍繞著龍馬的遺照。作為日本海上貿易的先行者，舵輪的意象在諸多龍馬相關行跡將會一再重複出現。依說明牌上所言，甚至可取龍馬像之拓本，只是自己得準備紙墨便是。

又，龍馬誕生地的石碑，落款是「內閣總理大臣 吉田茂」，考證了一下，這位戰後日本政界的大老，本人雖是出生在東京，但他生父是出身高知的民權運動者，吉田自身也選擇以高知作為選區。由他來寫龍馬紀念碑的文字，應是不作第二人想。

依著病院的後方，如今有一間名為「龍馬之宿 南水」的老旅館，如果從地理位置上來看，這家旅館名符其實地是建立在坂本家的敷地上，雖則看內觀相片已十分老舊，充滿著昭和年代的氛圍，談不上特別舒適，但對於龍馬迷來說，或許仍是值得一泊的居處，只是在二〇二二年已宣布停業，期待來年復業。

這裡要注意的是，關於龍馬「出生地」可看的景點有兩個。

一個是上述在馬路旁的石碑，那是真正的出生地；另外則是要繞到後面的平行巷弄內，另外開設的「龍馬誕生街町紀念館」（龍馬の生まれたまち記念館）。

因為龍馬的「生家」已經不存在，因此不能以「生家紀念館」或「舊居」為名，但在其生家原址後方不遠處，隔著一條小路以及水道（水通町）的位址，找到這麼一小塊地，新建了一棟雙層樓的建築，作為紀念館址。紀念館的建築本身大量應用了高知縣的杉材，但不拘泥於舊町屋的形制，而是打造出新的展覽空間，新空間、舊氛圍，也曾獲得公共建築賞的優秀賞。館內的展示，也一如其名，與其說是單純重現龍馬生家的場景，不如說是土佐高知城下町的生活展示。尤其是在日本每個博物館或紀念館都有的精細微縮模型，將原本這塊街區在幕末時期的原貌重現出來。光是那模型，我便能看好久好久……

鏡川與才谷屋

高知縣 高知市 上町

高知，鏡川。

正如許多城市有其代表的一條河流，鏡川也是高知不可或缺的存在，而這個「鏡」字，似也說明了這條河川的氣質。在許多與龍馬相關的小說或影視作品中，都描寫到他幼年因為膽小愛哭，被姊姊綁著訓練游泳的情節。「水」和龍是分不開的，而這條水，便是鏡川。

它最早叫潮江（川），是十七世紀的領主山內豐房，見它水面波平如鏡，故改名為鏡川。從龍馬生家往南，隔兩三條小巷，便到川邊，可以想見當年龍馬的生活，與這條河川的關係必然密切。如今地方政府宣傳，便直接說這是「龍馬游泳的鏡川」，哪日吾若名留青史，故鄉的武茇坑溪，是否也可冠上如此形容?當然是妄想。鏡川東流不遠，便注入了浦戶灣，可以想見昔人以舢舨在川上航行，至龍頭岬前換乘大船出海。而龍頭岬面對太平洋的一側，便是知名的桂濱了。幼年的龍馬或許沒想到未來的自己，會與海船結下不解之緣，但無論如何，這出生於鏡川附近的土佐少爺，對航行應是不陌生的。高知市區的鏡川景觀雖稱不上特別美，但跨越鏡川的橋頭，仍立著龍馬的身形意象雕塑，告示著此人與此城品牌之不可分。

許多喜愛坂本龍馬的人可能都知道，他是在天保六年（一八三五）十一月十五日出生，最後也在同一個日期被暗殺，因此目前每年的十一月十五日，都是各地舉辦「龍馬祭」的日子。但作為半專業的龍馬研究者，還是要釐清，其實所謂「十一月十五」生日與忌辰同一天，是一種傳奇性的說法。因為它是用當時日本的舊曆來算。如果套用現代西曆換算，他的生卒年月是：「一八三六年一月三日—一八六七年十二月十日」，所以應該是摩羯座。

龍馬的誕生地，是在上町一丁目，而一直延伸到上町二丁目，便是他度過幼年與少年期的區域。沿著指示與地圖，從巷弄、走到鏡川邊，將這個區域走一圈，便可感受許多歷史的細節。

龍馬家原是從豪商「才谷屋」分家出來，而這個本家的舊址，在上町二丁目到三丁目附近，距龍馬的出生地不遠；如今的才谷屋，是一家古典的家庭式咖啡館，有些地圖冊上寫道，「開店時間不一定，最好先打電話確認」。窗外掛著的牌子，詳述了

寺谷屋跡
御宴会・御会合・喫茶
龍馬
珈
COFFEE
FOODS

坂本家的發跡過程。

我去過才谷屋兩次。初次未開店，而第二次帶領目前僅此一團的龍馬之旅去拜訪，進了店裡，正興奮著，突然便被店家主人老阿伯劈頭以土佐口音極重的日語挨著臉痛罵了一長串，團員一陣錯愕。店家女主人渡邊女士在一旁緩緩地說：「你呀，那是客人喲。」才知道原來是太多媒體未經連繫就跑來採訪，店主不厭其煩，對媒體完全沒有好臉色，等到知道我們竟是遠道自臺灣來的訪客，又覺得非常不好意思，從頭道歉到尾，最後還開心大合照。事隔十多年，不知老夫婦是否安在？

另外值得一提的，當然就是「龍馬郵便局」。這家郵局的本名，原是「高知上町一郵便局」，一九九九年申請改名為「龍馬郵便局」，根據網上查到的說法，是日本第一家以真實歷史人物為名的郵局。龍馬郵便局除了在門口立了約真人尺寸的龍馬銅像，局內毫無疑問地也販賣各種龍馬紀念郵票、明信片，以及特殊的郵戳。郵局人員應該也習慣來自各地龍馬粉絲的造訪了，但見到我們一群臺灣旅客湧入，還是有點驚訝的。

從龍馬誕生地，到紀念館，到才谷屋，到鏡川，到郵便局……這些位於上町的位置，可以視為一個景點群，那便是完整的「小龍馬成長街町」體驗了。

高知的食與酒

高知縣 高知市 帶屋町

高知市區，有個堪稱是地標的知名景點，叫「播磨屋橋」（はりまや橋），說起來雖然有些失禮，但它多年被選為「日本令人失望的三大名勝」之一（另外兩個是沖繩的守禮門、札幌的時計臺）。要說失望，或許是因為它真的很小，儘管當年是以淒美的愛情故事聞名。不過，對於我們這種，常常為了一塊石碑、說明牌，而不遠千里去到當地的歷史愛好者而言，播磨屋橋已經夠大了（笑）。

但其實重點不在橋本身，而是，在播磨屋（橋）交叉點的四周，正是高知市的幾條主要商店街，也可算是鬧區。特別是從播磨屋橋，往高知城的方向，延伸過去的三、四個街區，也就是「帶屋町」的範圍，個人認為算是精華區域。一路逛過去，「龍馬桌球大賽」、「龍馬便當」、「龍馬漢堡」……在高知，似乎什麼都可以「龍馬」一下。

回頭來談談土佐高知的風土與美食吧。

高知平野，是四國島南部的一塊沖積平原，背靠四國山地，面向太平洋。這個地理環境，和我的故鄉——宜蘭非常類似，所以更覺得親切。但也正由於山地阻隔，自成一國。以前常在閱讀時，看書中寫作「南國土佐」，總有些疑惑，薩摩（鹿兒島）不是應該更南嗎？但其實古代日本的地理觀和現在有些不同。要把日本列島「橫躺」來看，與京都的位置相對，鹿兒島是「西」，而高知確是在「南」，無誤。而且九州離歐亞大陸近，自古和鄰近國家都有海上往來，日本國內的航運，又多經由瀨戶內海或日本海；因此瀕臨太平洋的土佐，的確是孤伶的存在。浪高風大，民風剽悍。

先有這樣的認知，才能理解土佐人的個性。正由於如此的地理條件，土佐的吃，也多以「大」和「粗獷」的海鮮料理聞名。其中最具代表性的，就是「皿鉢料理」（さわち）。雖說目前在日本料理店，頗有以整艘大船造型，滿載各式生魚片的呈現方式，但我猜想在以往物質匱乏年代，像高知人這般豪氣，用上超過四十公分大碟，滿盛各類魚生與壽司以及配菜的方式並不多見，因而成為特色。高知有許多餐館，都以龍馬為號召，所以當然也有龍馬主題的皿鉢料理。

但其實上述說明，還少了一樣。說了可能會讓人覺得不舒服，就是鯨肉。土佐山多地少，又瀕臨大洋，自古以來，捕鯨就是居民賴以維生的方式之一。和捕鯨有關的當地名人，有一位因船難漂流，而被美國捕鯨船救起的「約翰・萬次郎」，相信許多人也曾聽聞。近代因為機械化的捕鯨，而引發動保與環保的議題，這都是可理解並應該支持的，但土佐的「古式捕鯨」，當真是人與大海的搏鬥，從歷史與文化的觀點來看，仍可視為傳統的一部分。初次品嚐皿鉢料理時，其實是意外吃到，坦白說味腥而質硬，談不上美味，只能說是以前土佐人的蛋白質來源。因為我也不鼓勵吃鯨肉，所以後來如果有帶團去，會先跟店家說明，用其它肉類取代。

土佐高知，另一項代表的海鮮料理，便是「鰹扣」（鰹のタタキ）。有譯為「炙燒鰹魚片」或「鰹魚半敲燒」，簡單地說，就是帶皮的鰹魚片，外烤內生。至於口味和口感，我個人認為還是當地的粗獷特色，或許談不上精緻美食，但據說高知出身的《深夜食堂》作者安倍夜郎，認為這是極美味的下酒菜。

提到酒，高知人愛喝酒也是出了名的，當年的藩主山內容堂，還有「鯨海醉侯」的稱號。在我曾經掛名推薦的《圖解日本酒入門》書中，確實也有這麼一段話：「若排除這些大都市，酒精飲料整體消費量的第一名是高知……這也證明了當地著名的美食——鰹魚半敲燒及皿鉢料理確為下酒良伴。」不過書中也註明，其實現今的高知人，是喝啤酒和發泡酒等居多。

在歷次的旅行中，並沒有特別以「酒」為主題，多半是隨緣偶遇，輕酌淺嚐。當然，和歷史主題相關的，總是比較容易吸引目光。翻閱以前的相片，就曾記錄著這些酒款。商店櫥窗中的司牡丹酒造「日本を今一度せんたくいたし申候（再次洗滌日本的宣言）超辛口純米酒」、在料理店搭餐的菊水酒造「龍馬 麥燒酎」，以及買回家品飲的「純米吟釀酒 龍馬」等。而這些，都還只是高知縣本地的一小部分。至於其它縣市生產、以龍馬為名的各種酒款，還有很多；有一款名為「龍馬一八六五」的無酒精啤酒，後來在臺灣許多通路都可買到。

有一年行程完畢，在便利商店買瓶小酒回飯店獨酌，選了土佐鶴酒造的同名酒款。瓶身上寫著「有酒可飲吾可醉，昨日醉橋南，今日醉橋北」，看了會心一笑。這個橋，想必指的是高知市內的知名景點「播磨屋橋」，而且也將土佐藩主山內容堂「鯨海醉侯」的稱號用上了。土佐鶴酒造同時也推出「龍馬の海援隊 深層水割」，是以燒酎為基底，也曾在當地的便利商店購得。

近年如果見到友人推薦，也會參與團購試試。好比說同樣是由容堂稱號而來的醉鯨酒造「醉鯨」，在二〇二一年的高知酒款票選排名第六，但在臺灣有不少愛好者，當然也包括我。說到日本酒，我不敢自稱專家，只能簡單列舉。近年因為規劃酒廠參訪行程，去過日本各地的酒造，也很期待重回高知，再去多探訪、品嚐龍馬故鄉的美酒佳餚。

はりまや橋
商店街
Harimayabashi Shoutengai
6－11の間
貨物の積降しのための
貨物自動車を除く
19－11の間
自転車を除く
P
6－11の間
貨物の積降しのための
自動車に限る
ここから
転車を除く
歩行者
自転車
専用

龍馬を育てた道
水天宮
200m
坂本龍馬誕生地
290m
日根野道場
日根野弁治が築屋敷に開いた道
場。郷士の門下生が多く、龍馬も
ここで十四歳から十九歳まで修行、

山內容堂與日根野道場

高知縣 高知市 上町

土佐的藩主是山內家，用最簡單的說法，這是個由「中央」指派的、外來的軍事占領政權，而跟著山內家來的武士是「藩士」（上士），原本在地的武士就成了「鄉士」（下士）。土佐此時的藩主是山內豐信，號容堂，愛好吟詩喝酒，雅號「鯨海醉侯」，是所謂幕末四賢侯之一。不過賢歸賢，對下士還是很不客氣的，龍馬便是在這樣的「藩」境中成長。

關於龍馬幼年時期的記載並不多，許多情節都是根據他與姊姊的書信或零碎紀錄，而拼湊或想像出來。有史可據的，好比說他曾到附近的「楠山庄助塾」（在北邊的大膳町公園）讀漢學，但隨即就退學；以及十歲時生母病歿。《龍馬傳》中曾有非常感人的母子情描寫，多半是戲劇效果。

比較明確的，就是他在十四歲時，正式進入日根野弁治的道場，學習下士的「小栗流」劍術。這可以說是龍馬走上未來人生道路的第一個明確的轉折點，也伴隨他頗長一段時間。

我在地圖上見到，若是從龍馬生家往南，同樣是上町一丁目瀕臨鏡川河岸的位置，標註著兩處「日根野道場跡」，街區不大，步行三分鐘便可抵達。走到鏡川的河堤上，可以看到一個指示牌，寫著「養育龍馬之路」（龍馬を育てた道），便指出道場的位置。原本的建築雖已不在，但川邊的豪宅，圍牆竟是大石砌成，幾乎可以想見當年道場的風格。

漫步其中，眼前幾乎浮現少年龍馬背著劍道器具的身影。

若從此處沿河岸往東漫步，過柳原橋，不久便可見到山內神社，神社構內有容堂的像，對面的旅館所在地，便是容堂曾經的居所。在戲劇中，為求演出「老藩公」的效果，往往將容堂塑造成長者，其實他只比龍馬大九歲。

只有實際走過現地，才能真正體會高知城下町是這麼一個小地方，而龍馬與容堂，這在遙遠的未來被命運微妙串起的兩人，他們的生家與宅邸，竟在如此近的街區。

松陰與齊彬

鹿兒島縣　鹿兒島市

稍微把眼光從龍馬和高知挪開，到另一個藩國，去看看當時外面的世界，還發生了什麼事。

龍馬十四歲時入了日根野道場，學習「小栗流」劍術，一直到十九歲。換算成西曆，就是一八四八—一八五三年間。可以說，龍馬在十九歲之前，過著鄉下豪商小少爺的生活。歲月靜好，帝力於我何有哉。

但就在這段期間，有兩個人，分別離開了他們原本居住的地方，開始遠行。時代的巨輪，就這麼悄悄地轉動起來。其中一位是長州藩（山口縣）的吉田寅次郎，號松陰，也就是大河劇《花燃》前半部的主角。嘉永三年（一八五〇）他從「萩」出發，前往九州和江戶遊歷，並與當代的兵學家們交流。

另一位，則是薩摩藩的世子——島津齊彬。嘉永四年（一八五一），他從江戶的藩邸出發，經過漫長路程回到鹿兒島，以超過四十歲的高齡，正式接任藩主、家督。

大舉推行並展開轟轟烈烈地向西方學習、富國強兵的「集成館事業」。

為了探尋完整的幕末世界觀，以及與龍馬生平有關的人與事，鹿兒島縣（以及山口縣），怎麼能不去呢？

如今在鹿兒島市，與齊彬有關的景點，主要有三個，依序是：鶴丸城、尚古集成館（仙巖園）、照國神社。

鶴丸城又名鹿兒島城，是島津氏在江戶幕府時代的居城。那年去的時候，它仍在施工，因此只是搭巴士路過，透過車窗，拍了幾張相片。現在搜尋資料，可以看到當初施工的位置，已經復原了精美的御樓門。留待下次造訪。

仙巖園，是許多旅行團到鹿兒島必訪的景點，因為它既是世界遺產，又是藩主別邸庭園。但我不知道一般旅客會不會覺得「好玩」，因為它的美，我感覺主要在於面對著櫻島火山之壯景，而不在於庭園本身。然而對「幕末歷史控」來說，重點不是庭園，而是在庭園外側的一棟厚重的石造建築，也就是「尚古集成館」。這棟建築，是舊集成館機械工廠，而今作為博物館使用，顧名思義，主題就是島津齊彬所建立的各種西化事業，包括煉鐵、造船、製砲、紡織等。隨著「明治日本產業革命遺產」陸續被列入世界文化遺產，仙巖園中也增設了一間展示館，讓遊客也能對其有所認識。我到仙巖園兩次皆遇雨，海灣對面的櫻島，都被雲霧遮蔽。幸而某次乘車路過，即時拍下了完整的樣貌。

至於離市區最近的，就是照國神社。島津齊彬壯志未酬，英年早逝，逝世後神格化，建了照國神社來祭祀他。原本我一直以為，是因為到了明治時代，他當初提拔的人們都當了新政府高官，才建的神社；但查資料，原來早在孝明天皇仍在位時，就已經敕命授予「照國大明神」的神號。但最初只是「縣社」，後來升格為「別格官幣社」，當然與他對維新的貢獻有關。

齊彬的生涯雖與龍馬沒有直接連繫，但他生前推動的事業、提拔的人才，包括西鄉吉之助（隆盛）、大久保一藏（利通），尤其是後來被稱為「幻之宰相」的小松帶刀，都和龍馬後期的人生，有非常重要的關係。

櫻島

從土佐到江戶

高知縣　德島縣

《龍馬行》第一部中寫道：

龍馬越過阿波境內幾個山頂，進入吉野川上游的峽谷。遠處有從石槌山產生的峽谷，東西長二十里，地形複雜。沿路有大步危、小步危這幾個難走的地方，走了一整天都沒看到一個人影。

我初次搭電車迎著當年龍馬離開故鄉的路線，反方向地往高知行去；列車出了隧道之後，窗外出現絕美深邃的溪谷景觀，經過小步危、大步危站，有道路可以通往附近的祖谷溪溫泉區，是德島縣知名的旅遊聖地，附近的景色總令我聯想到南投。

關於龍馬從土佐前往江戶的路程，許多史料都缺乏明確記載，若非匆匆一筆帶過，便是發揮太多想像。我當然也可以偷懶，直接跳到江戶（東京），但心中總覺得這是個重要的「過場」，便以手邊的資料，盡量簡單地陳述：

嘉永六年（一八五三），十九歲的坂本龍馬，在家鄉的日根野道場，取得小栗流

「和兵法事目錄」資格，並獲准去江戶，繼續修行劍術。這在當時，應該算是一件大事。若非由藩府遴選或派遣，就必須自費前往；但對於富裕的坂本家，並非負擔不起的支出。這也是龍馬的幸運。

正因為十九歲之前這段時期，缺乏可信的史料，因此各類小說、漫畫、戲劇，無不盡情發揮想像力，填補這段空白。小說中的福岡家老之妹田鶴，戲劇中的彌太郎與青梅竹馬加尾，還有漫畫中的（後藤）象二郎與（板垣）退助等，都在情節中與龍馬有所交集。

龍馬在舊曆三月十七日由土佐出發，約四月中旬抵達江戶，前後花了一個月（也有說四十天），一方面可見當時交通多麼不容易；二方面，卻也可體會，初次離開與世隔絕的土佐，看到新天地的興奮之情。與他同行的，還有一位藩府派遣的溝淵廣之丞。在龍馬生涯中，兩次重要旅程，身旁的旅伴，名字中都有「之丞」，我自己乾脆用「兩之丞」稱呼。當然這兩位之丞，彼此並無關係，而他們在未來，也都還有出場機會。

好，問題來了。許多史料，僅僅寫了出發與抵達，但龍馬究竟是採取什麼樣的路徑，前往江戶的呢？即使在我收藏的，以書信為主的《坂本龍馬大鑑》中，也僅是兩句話簡單地帶過。在漫長的閱讀與旅行過程中，靠著一點一點的線索，才慢慢拼湊出這段「出鄉關」的旅路。他必須從土佐高知，先往北，由立川番所「出國」，穿越四國山地，前往阿波（德島）的吉野川上游。這段路程，雖然未必會經過如今是熱門觀光景點的「大步危」，但應該也可以看到不少美麗的峽谷景觀吧。再來沿著吉野川溪谷往下游走，可以一路抵達離淡路島最近的「鳴門」岡崎海岸，並在此搭船，前往大阪。附帶一提，這段路程，在司馬先生的《龍馬行》中有較多描述，想必也是記者出身的他，根據史料，以及自己的踏查，構築出來的路線。

說龍馬是由鳴門搭船前往大阪，然而是從東側的太平洋，或是西側的瀨戶內海呢？似乎也沒有明確的記載。有次搭機前往關西空港。當天視野很好，航線正好越過高知上空，經過四國山地，又從德島飛越淡路島。我全程專注觀察，也拍下不少相片，因為這正是最好的、從空中眺望「龍馬離鄉之路」的機會啊。在機上只能看到太平洋側，但經由後來的細細考證，他應該是走瀨戶內海。根據是，司馬先生小說中的一句話，「播摩灘上空萬里無雲」。而播摩灘，便是淡路島與小豆島之間的海域，屬於瀨戶內海的一部分。由於江戶幕府從三代將軍家光以來的「海禁」政策，除了內海與日本海的航線，一般民間的船舶，幾乎是不能走太平洋航線的（除了「菱垣迴船」）。這個細節，與後來的情勢發展，其實也有重要的關係。

大河劇《龍馬傳》中龍馬出四國的路徑，則是直接往北到「多度津」搭船，但沒有說搭到哪裡。除非有更多史料可印證，否則我還是喜歡司馬先生的路線，比較浪漫一些。

龍馬在大阪上岸。大阪作為商業城市，繁榮非凡，土佐藩在此也有豪華的藩邸、倉庫等，小說中有著墨，這裡就不多說了。儘管大阪似乎和龍馬關係不深，然而如今，還是可以找到一些主題餐廳。從大阪搭小船沿著淀川上行，經伏見所抵達琵琶湖畔的大津，就是進入「中山道」或「東海道」的重要宿場。也是經過一番考證，最終確認，龍馬此行，應該是走東海道，因此在途中，曾見到壯麗的富士山景。由此，龍馬最終抵達了江戶。

其實，無論東海道或中山道，也都是我心中很想走一趟的路徑。哪怕不是全程步行，透過鐵道等交通工具的串連，似乎也可以完成。《孤獨的美食家》原作者之一的久住昌之，就曾進行從東京到大阪的《野武士，一路向西》分段旅行。

當然，正如許多想法，等待日後有緣繼續實現了。

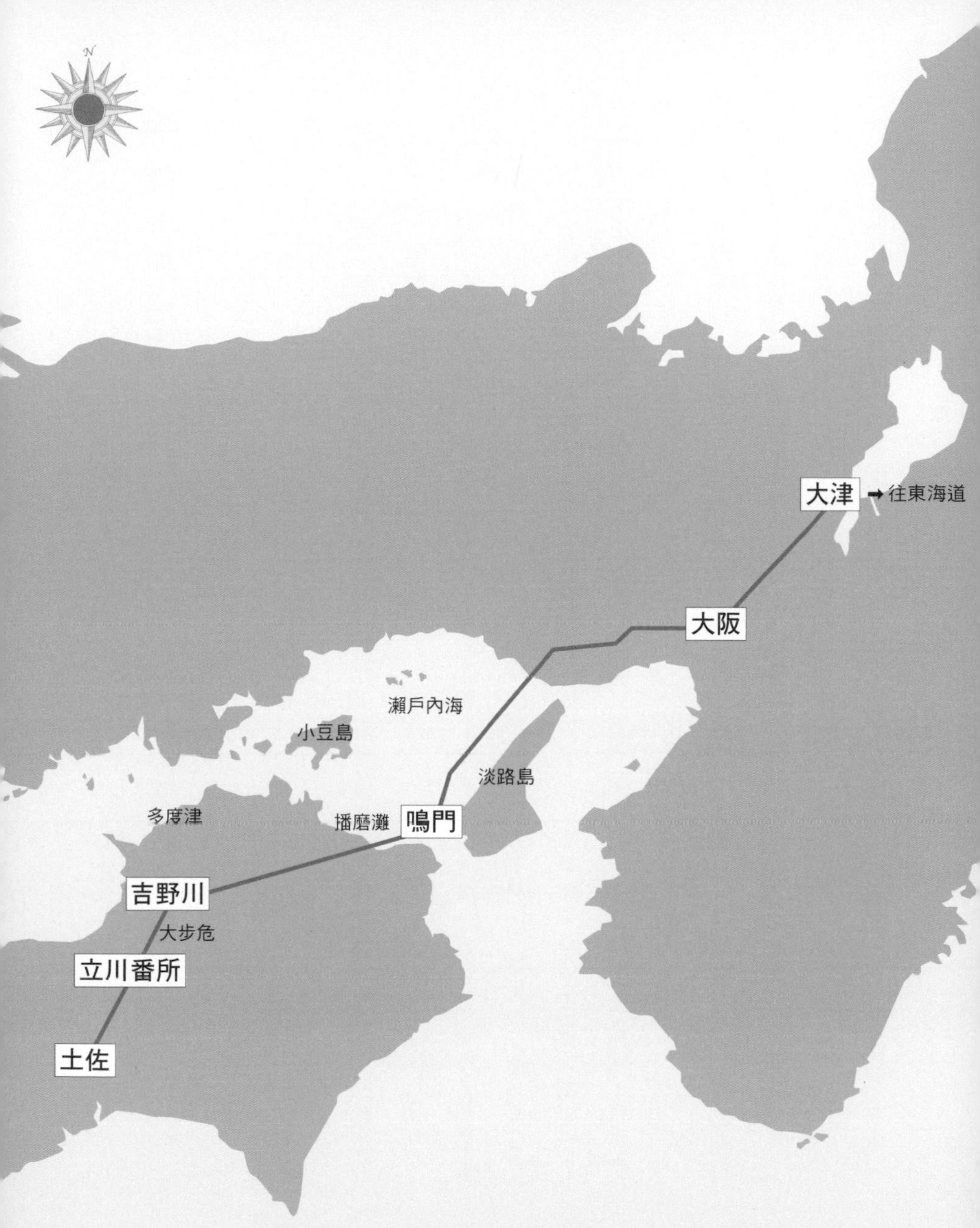

龍馬江戶之行

藩邸與道場

東京都　中央區　八重洲

坂本龍馬和溝淵廣之丞到了江戶，落腳何處？首先當然要去藩邸報到，然後也該去千葉道場打招呼。

現今東京的皇居，就是以前江戶城的位置（當然無論內外，都有做過一些整修或改建）。而當年的「大名屋敷」，也就是各藩的藩邸，就圍繞著江戶城而建，可想而知，也必定在如今皇居的附近。從歷史地圖看，以前的江戶城外壕，是比現在範圍更大，但早已填平或覆蓋。土佐藩邸，就在外壕的「鍛冶橋」旁，而這整大塊敷地，早在明治時代，就改建為近代建築。正是東京驛，以及丸之內一帶。

土佐藩的上屋敷，也就是藩主在江戶的住居，同時也是「聯絡處」，位置就在目前東京驛南側的「東京國際Forum」（論壇）。這裡過去曾是東京府廳（都廳），九〇年代都廳遷到新宿之後，這裡就蓋起了會議中心。裡面有說明牌，寫道「建地乃是江戶時代土佐藩與阿波藩的上屋敷」，中庭有座人物雕像，不過和土佐和龍馬皆無關，而是紀念最早在江戶築城的太田道灌。

當然必須說明的，當時各藩，在江戶都有不只一處「屋敷」，例如土佐便有上、中、下屋敷等，龍馬來此報到之後，是不能在此寄宿，而是必須到位於築地的中屋敷，或品川的下屋敷去。而千葉定吉道場的位置，其實離上屋敷不遠，就在鍛冶橋外的桶町。在東京「後驛」——八重洲的京橋地鐵站上方，有一條「鍛冶橋通」，在路旁，便可找到千葉定吉道場跡的說明牌。

龍馬來此之時，當然不像現今是個繁華大都會，但應該也很有「將軍腳下」的肅穆與繁華。而我們現在追尋他的足跡至此，當然也不該拍完照就走，前幾年改裝後的東京驛，延伸到丸之內與 KITTE，也都是人們非常喜愛的逛街和飲食區域。

附帶一提，龍馬來到江戶的千葉道場學習「北辰一刀流」劍術的前一年，還有另一位年輕武士，也不遠千里，由長州來到江戶，進入了當時與千葉齊名的三大道場之一，「神道無念流」的練兵館。他，就是桂小五郎。原本練兵館的位置，後來建了靖國神社；如今在神社的南門內，也可找到「練兵館跡」。關於龍馬和小五郎兩位「劍豪」在江戶的相遇，同樣有各種傳說與戲劇的描寫。

培里與黑船

神奈川縣　橫須賀市　久里浜

二〇一五年，初次到夏威夷，檀香山。可能很多人也去過，在珍珠港，有一艘密蘇里戰艦紀念館。順著動線參觀完船艦內部，走上甲板時，我被舷側一面裱框的舊美國國旗吸引，看了說明，「天啊，這是培里艦隊的旗艦上的國旗！」沒有想到，越過半個太平洋，竟然在這裡又遇見了與龍馬相關的史跡。這也是作為一個歷史主題旅行者的小小樂趣吧。

人說時勢造英雄。就在龍馬於嘉永六年（一八五三）舊曆四月中旬抵達江戶不久，六月三日，就發生了堪稱日本近代史上最重要的事件——黑船來航。美國海軍將領馬修・培里（Matthew Perry），率領四艘船組成的艦隊，繞過大半個地球，來到日本「叩關」，地點就在江戶灣口（現東京灣）的浦賀。事實上，這並非第一次有異國船艦來航叩關；但過去多發生在天高皇帝遠的北海道或九州，可能培里事先也做過調查，因此直接將艦隊開到了「將軍家門口」，威懾效果更強。

黑船來航，直接開啟了「幕末」。從一八五三年，到戊辰戰爭的一八六八年，短短十五年期間，卻是風起雲湧、英雄輩出，被日本人稱為「激動的幕末」時期。當然，所謂幕末，就是「（江戶）幕府末期」，也是明治維新前，末代武士們的歲月。

如今，從東京的品川驛，搭乘京浜急行（京急）電鐵，約一小時車程，就可以來到位於三浦半島尾端，浦賀的「京急久里浜」。搭乘ＪＲ也行，但我前往時是搭京急，車站離海濱比較近。在這裡，有一座培里公園，以及小小的紀念館，展示著這次歷史性的事件之過程與細節。同時也有些相關的出版品與紀念品。我看到一個「培里蘇打」最有趣，據說這種有氣泡的碳酸飲料，便是隨著培里的來航，而引進日本。不知是否屬實，但總是商人的巧思。

培里總共兩次「來航」，第二次在下田，在下田市也會寫到。而這次來航，對龍馬以及整個日本的影響，還請容我娓娓道來。

二十歲的龍馬像

東京都　品川區　東大井

品川，是許多旅人或遊客都非常熟悉的東京大站，但有多少人知道，在品川區，藏著一座「二十歲的龍馬像」？

司馬先生的小說中，有這麼幾段描述：

他從鍛冶橋的藩邸搬到了築地的藩邸。不僅是他，其他年輕藩士也幾乎都搬到了築地或者品川這兩個級別較低的藩邸。這是土佐藩採取的防備之態，以防黑船再次侵入江戶灣。一方面在這兩個臨海的藩邸中安置常駐人員，另一方面得到幕府的許可，在品川修築安防。

龍馬僅僅是臨時被編入藩中警備隊，況且又不是拿俸祿的劍術諸生，而且還是一個鄉士之子，自家出資來江戶遊學。藩府無法預知其未來會如何，對這種身分的人根本就沒寄多大希望。

（中略）這年三月，龍馬從築地藩邸轉移到品川藩邸，奉命負責守衛。因為身分只是遊學武生，所以他便自嘲為「雜兵」。

引文至此。雖說黑船抵達地點是在三浦半島（橫須賀）的浦賀沖，但據說培里離開前，特地將船開進江戶灣繞行發砲，也有點示威的意思。幕府緊急召集在江戶的大名屋敷派出藩兵守備海岸，按理說像龍馬這類下士應無資格，但當時人手不足、事態緊急，便將這些雜兵也都編入了「黑船警固」隊伍。守備的範圍，是品川土佐藩下屋敷，約莫於今日京急電鐵的「立會川」驛週邊。

江戶難得有龍馬的行跡，自然是要作為宣傳的重點。如今立會川車站出來，左側有個小公園，便矗立著龍馬像，旁邊的說明文字，還特別強調「龍馬與世界相遇的品川」。附近還有浜川砲臺跡。由於填海造陸的關係，今日所見的海岸線，必然與當年龍馬所見的，有很大不同了。

當時的龍馬還不是胸懷世界的志士，只是有單純「攘夷」思想的年輕人，這在他寫給家人的家書中可以瞥見。附帶一提，在幕末、乃至整個日本歷史的人物中，坂本龍馬是留下許多私人書信的一位，且有不少仍保存至今。他不但愛寫信，而且文風自由颯爽，各種見聞、生活大小事都寫，這也是為什麼容易成為許多小說、戲劇的題材的原因之一。

佐久間象山砲術塾

東京都　江東區　永代

東京有一塊區域，早期應該較少旅客踏足，那便是「江東區」（除了台場和有明以外，主要指的是陸地側的部分）。以前我曾經納悶，它既然在隅田川以東，為何不叫「川東」，後來才知道，原來是「江」戶之「東」，簡直是化外之地。而事實上，根據資料，現今的江東區有七成以上面積，幾乎都是填海而成的新生地，在江戶時代，那就是兩川（隅田川、荒川）河口夾著的海灘，堪稱下町的下町。

由於黑船來航，龍馬曾當作雜兵，被派往品川海岸當警衛；而正因為這個事件，令許多當時的武士們，意識到光是劍術不足以「攘夷」，為了抵禦海上來的入侵，掀起了一股學習「砲術」的風氣。江戶時代雖然鎖國，西洋唯有荷蘭人，可以經由巴達維亞（印尼雅加達）、熱蘭遮（臺南安平），一路北上到長崎的出島，與日本通商。歐洲的知識，也經由此路徑傳入，稱為「蘭學」，當然並非只有荷蘭的學問，而是當時歐洲的先進思想，皆經由荷蘭商人傳入，因而雖說「鎖國」，但有機會接觸到這些

佐久間象山塾跡
この地域には、江戸時代後期の思想家で、信濃国(現在の長野県)松
代藩士佐久間象山(一八一一～一八六四)の私塾がありました。
象山は初め儒学を修め、天保十年(一八三九)神田お玉ヶ池付近に塾
を開き、さらに松代藩の江戸藩邸学問所頭取などを務めました。
後に海防の問題に専心して西洋砲術や蘭学を学び、

資訊的有識之士，並非對外界局勢一無所知。

當時的蘭學大家，其中一位，就是佐久間象山。象山當時在江戶有兩處私塾，學問塾是在銀座；而砲術塾，當然就不能在町內，而是必須到過了隅田川的海邊去操練。它的位置，就在如今江東區的「門前仲町」附近。

搭地鐵來到這裡，才發現有一條「深川仲町通」商店街，位於深川不動堂（成田山）前，雖然不長，但比起早已高度商業化的觀光景點，例如淺草寺前的仲見世商店街，這裡卻依然保持著濃厚的下町風味。這也是我說過，而且以後還會常常說的：若非因為探訪歷史人物史跡，還真不會來到這些地區呢。

佐久間象山的砲術塾跡，就在其中一條運河的橋邊。當年曾經師從象山學習砲術的人，包括勝海舟、吉田松陰、橋本左內、山本覺馬、坂本龍馬等，名單一字排開，簡直是半部幕末史（或大河劇史）。可見象山當時的影響力。

返回市區，可來到東銀座的象山塾跡，再一路散步到 Ginza Six，以及旅遊服務中心的 Terminal Ginza，看著當時造訪的相片，這些因應日本「觀光立國」的設施，經歷遙遙無期的疫情打擊，只怕難以為繼，光想著都覺得辛酸。

黑船再度來航

靜岡縣　下田市

這段路程比較長，從品川出發，搭新幹線到熱海，再轉乘伊豆急行線。無論是熱海，或者伊豆半島的河津町，都是每年賞櫻團的熱門景點。相信很多人也去過。但我之目的地，是半島底端的下田市。

一八五三年，培里初次「黑船來航」，開啟了風雲的幕末時期；約半年之後，一八五四年三月，他打鐵趁熱，率領七艘船艦組成的艦隊再度來航，開抵下田。這次，簽訂了「日米和親條約」，日方允諾開港下田與箱館（函館），意義上正式結束了長達兩百一十五年的鎖國體制。正因為這個條約之簽訂，掀起日本國內「攘夷」或「開國」兩方的論爭，更埋下了「倒幕」的種子。此時的龍馬，仍在江戶的千葉道場，與佐久間象山門下，精進劍術、學習砲術。雖然從他寫給家人的信中，仍不脫時下青年「取夷人首級」之攘夷思想，但身處大時代之下，想必也耳聞各種觀點之思辨吧。

相較於龍馬的懵懂，另一位較他年長五六歲的長州青年，則是堅定採取了大膽而激進的行動。就在培里艦隊停泊於下田時，這位當時二十五歲的青年，與他的學生兼隨從，從海岸上偷了一艘小漁船，划到美國艦隊旁，大聲呼喊、比手畫腳，要求上船；希望能隨船遠航，甚至前往美國，見識世界。怎麼想，都是一件非常大膽，甚至有去無回的行動。他們就是吉田松陰，以及金子重輔。由於被美方拒絕，松陰不得不放棄而回到岸上，之後更主動向奉行所自首，聽候發落。他的這項行為理論上乃是重罪，的確也被關押了一段時期，但在幕末複雜的政治情勢下，後來竟然獲釋，在故鄉長州，開設了「松下村塾」，作為思想家，培育了一整批推動幕末維新的志士，儘管最後還是悲劇收場。此為後話。

今日的下田港，仍殘留著幾分美國風情。除了可以找到「培里上陸之碑」，更有至少兩座吉田松陰的銅像，以及松陰「踏海之地」碑。我特別喜歡港灣對面，一組當初「密航」的師徒倆之群像；松陰遠望世界，手指大洋，金子重輔蹲侍於一旁。後人以「至誠通天」為題，彰顯這位失敗的偷渡客，事實上，是紀念了當時日本年輕人，勇於航向世界的精神吧。

坂本家墓園

高知縣　高知市　山手町

幕末土佐的幾位代表人物中，約翰・萬次郎可能是最傳奇的一位。

他本姓中濱，是四國最南端的足摺岬附近小漁村（現土佐清水市）的漁夫，正如前面曾提到，瀕臨太平洋的土佐，原本即有捕鯨的傳統，萬次郎便是其中一位。一八四一年，十四歲的他因遭遇海難，與同伴共五人漂流到數百公里遠的鳥島，卻幸運地被美國捕鯨船救起，而萬次郎則與懷斐德船長（William Whitfield）建立了父子般的情誼，跟隨他前往美國，又遠航四海，被取名John Mung，整整十年之後，靠著捕鯨與淘金賺來的錢，經由夏威夷、上海、沖繩回到日本，並在幕末發揮了語言專長，協助了日美之間的外交。

關於龍馬的著作非常多，但我有次偶然發現，竟有臺灣的作者陳新炎先生，以三年多的時間，撰寫了《約翰・萬次郎傳奇一生》，這種驚喜的邂逅，無論什麼時代，都可能存在。

嘉永七年（一八五四）舊曆六月，二十歲的龍馬，在繁華的江戶遊學十五個月後，劍術修行期滿，回到土佐，在家鄉又待了兩年。這段期間，龍馬回到日根野道場，並獲得「小栗流中傳目錄」，顯示江戶修行之後，劍術更上一層樓。儘管在江戶歷經了「黑船來航」的時代洗禮，此時的龍馬，似乎仍只是以「返鄉教劍術」為人生目標。

然而他與一本書的邂逅，卻也發生在此時。那就是住在龍馬老家附近的畫師：河田小龍，奉藩命訪問回國後的約翰・萬次郎，聽到許多海外與美國的故事，半憑想像，畫成《漂巽紀略》，據稱龍馬極可能看過此書，並從河田口中聽到更多故事，是為其對世界與美國的啟蒙。相信在此之後的龍馬，若再看到黑船，想必已有不同的眼光。

河田小龍宅邸，與龍馬生家相距不遠，但並未留有明確的指示牌，只能從地上的指南針圖標，判斷「可能在此」的位置。

在此期間，龍馬的父親坂本八平過世。由於自己沉浸在龍馬生平事蹟許久，與其家人彷彿也生出了熟悉與親切感，因此在一次自駕旅程中，順道前往坂本家墓園致意。墓園保存良好，占地廣闊（幾乎是一座小山），顯見當時的富裕程度。除了父親、兄長，和龍馬關係親密的姊姊乙女等，也都葬在此處。但墓園離市區有段路，自駕約十幾分鐘車程，否則就要搭電車到「旭」再步行過去。

一些對歷史有興趣的朋友，戲稱常常逛墓仔埔，當然都抱著虔敬的心就是。

武市半平太宅邸

高知縣　高知市　仁井田

開著車從高知市區過鏡川往東，沿路下起大雨。儘管車程並不遠，大約二十分鐘，但由於駛出市區之後，便是田園風光，感覺已來到另一個時空。我之目的地，是武市半平太（瑞山）的故居。

武市半平太，和龍馬家是遠親，很可能從小就認識。武市的家境不如龍馬，但幾代前也是富農，因此買了「白札鄉士」的身分，依然住在鄉間。以現在的行政區劃，幾乎已在高知市邊緣，差幾步路就到南國市。這個「白札」，雖然仍屬鄉士（下士），但算是鄉士的最高階，有時會被以上士看待。但如果遇到真正的上士，心底依然還是看不起白札的。雖然家境略遜，但半平太的上進心，比起公子哥兒的龍馬是更強烈，無論在劍術和學問（特別是學問），在同輩間，都堪稱出類拔萃。

嘉永三年（一八五〇），也就是龍馬仍在家鄉學習劍術、尚未前往江戶的那段期間，武市為了照顧祖母，帶著新婚不久的妻子，從鄉間搬到高知城下的「新町田淵」，並開設了私塾與道場。既然沒本錢去江戶遊學，就好好培養同鄉的後進，累積自己的影響力吧。胸懷天下的半平太，想必有著如此的思維。因此今日在高知市，就有兩處武市半平太的宅邸跡。

一處就是前面寫到，離市區車程約二十分鐘的「舊宅」，位於田間的一處小山坡上。實則這個位置，有著複合式的意義，既是舊宅，又是後來的墓地，甚至還有一座小小的瑞山紀念館，以及瑞山神社。此處看似仍有人居住，所以不打擾，在門外拍張相片就好。

如果不想跑得太遠，那麼在市區「菜園場町」的橫堀公園內，便有他搬到城下後的「武市半平太邸跡及道場跡」。

而師從武市門下學習的土佐年輕人，包括岡田以藏、中岡慎太郎等，特別是後者，都和未來龍馬的命運關係密切；他從江戶回來之後，在家鄉待了近兩年，想必與武市一門，也多有往來吧。武市半平太，由此即將踏上開啟他「勤王大業」的道路。

勝海舟誕生地

東京都 墨田區 兩國

龍馬雖然回到故鄉高知，繼續精進劍術，但外面的世界，已經開始轉動起來。其中有些人與事，最終將與他的命運產生交集。

雖是題外話，約莫在龍馬來到江戶的四年前，有一位長年居住在隅田川東岸下町，卻曾遊歷東海道，並留下許多畫作的浮世繪師，剛剛結束他八十八年的漫長人生。繪師身處的時代，是被後人稱為「化政文化」的時期，可以說是「町人文化」最豐富精彩的年代，這位畫師本名時太郎，一生用過許多筆名，最後以葛飾北齋之名號，為世人所知。這位北齋，或許做夢也不曾想到，他所創作的「北齋漫畫」，作為外銷瓷器的包裝紙，傳到法國，在一八五六年，被畫家布拉克蒙（Félix Bracquemond）意外發現，驚為天「畫」，遂連同其它的浮世繪作品，介紹給他的朋友包括馬內、竇加、莫內，以及後來的梵谷，形成了一股被後世稱為「日本主義」（Japonisme）的風潮，深刻影響了印象派；而北齋「富嶽三十六景」中的一幅名為《神奈川沖浪裏》的版畫，直至今日，幾乎成為世人最熟悉的日本意象。

那天，我在東京，利用支援帶團時自由活動的空檔，從淺草搭電車，前往墨田區的「錦糸町」，目的是為了參觀二〇一六年開幕的「墨田北齋美術館」。這座小巧的美術館，是由知名建築師妹島和世設計，展示的便是當年居住於此地的葛飾北齋之作品與生活。

但許多發現，有時都源自無心，當我走出錦糸町驛，習慣會先看街旁的地圖（這是日本非常便利的公共建設），地圖上的一個名字，吸引了注意力：「原來此人的誕生地就在這裡？只有兩個街區，當然應該走過去看。」地圖上標示著的，是「勝海舟生誕之地」。

海舟是號。他原名勝麟太郎，祖上也是因富而買身分（這點和坂本家類似），經過數代，擁有無役「小普請組」的旗本職，用白話說，就是德川家體系中的小武士，但好歹與「幕臣」（幕府之臣）沾上邊。官職雖小，但海舟自學荷蘭文有成，算是有世界的眼光與知識。黑船來航之後，幕府廣徵意見，他提出「海防意見書」，被慧眼獨具的大久保一翁看上，提拔進入幕府，擔任異國接待員兼翻譯，時為安政二年（一八五五）。

海舟比龍馬年長十三歲。這兩個人的生涯，未來將交會出無比的光亮。

海軍傳習所

長崎縣　長崎市　江戶町

從博多搭乘「海鷗號」電車，來到日本本土、幾乎是九州最西端——長崎。早年的旅遊團去南九州，多半只看豪斯登堡、原爆資料館、平和公園等，那也無可厚非；但我始終認為，長崎真正的魅力在港口附近的街區，只是比較不適合團體行程的安排。

長崎，在整個幕府鎖國期間，是唯一對外的窗口，而且基本只允許荷蘭人通商（原因是他們只做生意，不傳教），而且是從很早的一六四一年就開始了。附帶一提，那也是荷蘭東印度公司，在臺灣建立、經營熱蘭遮城的同一時期。但由於不允許洋人登上日本土地，所以在長崎外海，建了一座人工島，名為「出島」。約有兩百多年時間（一六四一——一八五九年），荷蘭人就在這塊小小的島上，維持著通商，並輸入海外知識。

隨著黑船二次來航，幕府與美國簽訂了「日米和親條約」，下田和箱館開港；而到了安政六年（一八五九），橫濱和長崎也正式開港，荷蘭人的勢力，慢慢被英國人取代。

如今的出島已經不再是一座島，而是與後來填海的區域，融合成陸地的一部分。但經過長時間的復原與修繕，成為展示當年荷蘭商館風貌的區域，仍很適合歷史旅行者造訪。

為什麼要來長崎，和勝麟太郎有關。

人要發達，運勢擋都擋不住。安政二年（一八五五）初，麟太郎才剛被提拔為「御用（荷）蘭書翻譯」，之後馬上被派去大阪考察，籌備「洋學所」；然後在舊曆七月底，因為幕府在長崎成立「海軍傳習所」，無論船隻購買、教學，都要透過荷蘭人，於是他又被派去長崎，入了傳習所。原本對海事一竅不通的「勝麟太郎」，就這樣在海軍傳習所，一邊當翻譯、教荷蘭文，同時連續上了三期的航海課程，一口氣待了五年（一八五五－一八五九年），成為了「勝海舟」。雖是後話，但這個海舟，後來成為日本初次航越太平洋前往美國的「咸臨丸」船長，又當到幕府的「軍艦奉行」（海軍司令），到了戊辰戰爭時，還兼「陸軍總裁」，一介書生，成了將軍之下、萬人之上的職位。明治維新後，並擔任初代「海軍卿」。

去過豪斯登堡的人，或許還記得園中有一艘仿古的「觀光丸」，便是復原當年荷

蘭送給海軍傳習所的第一艘船艦。後來它也被用於長崎港的巡航（但要人數夠多，才會開航）。

如今到長崎，從驛前搭乘路面電車，到靠近海邊的「大波止」，沿著「縣廳坂」往上坡，沿路就會看到許多指示牌。和許多地方一樣，今日的海岸線，多是後代填海形成，而當年的海岸線，則在更高的位置。

一路走到「江戶町」，原本長崎縣廳的位置，當年去的時候立起了施工圍籬，我一時遍尋不著石碑，原來是在圍籬之內，可尋得「耶穌會本部、奉行所西役所、海軍傳習所跡」石碑。旁邊有一條「江戶町商店街」，入口處有更多的說明牌。

海舟在長崎度過五年時光，可說是他人生最豐富、改變最大的時期，也曾留下戀愛史。這些都留待幾年之後，當海舟偕愛徒龍馬重回舊地時，途中親口告訴他了。

土佐藩中屋敷

東京都　中央區　築地

築地，應該是很多人都熟悉的地名了。

但大多數人講到築地，談的都是魚市場、壽司大、八千代、大和，或者愛養咖啡館等，幾年前最熱門的時期，時常可以見到去東京旅行的朋友，記述自己如何趕著半夜，前往魚市場參觀，以及到名店排隊，一償心願的興奮之情。

有很長的期間，特別是年輕的時候，我都是個不太注重「吃」的旅行者，往往選擇最簡單或快速的用餐方式，便趕往下一個博物館、美術館、世界遺產或歷史景點。這麼說絕非突顯自己重知識而不重飲食之優越，相反地，到了一定的年紀，並且在各地旅行的過程中被打開的味覺啟蒙之後，才發覺自己過去太忽視飲食與文化的關聯，以往過分重視個人興趣，到頭來竟反而感到空虛，深刻反省「身」與「心」都需要獲得餵食的道理。

而隨著各種串流影像平臺普及，許多以美食為主題的節目，不再只是浮面地走到哪吃到哪，更探討名廚的養成，使得「美食」成為顯學。幾年前有一部名為《築地市場：和食之心》的紀錄片，更是我後來虛心學習的教材之一。如今魚市場雖已搬遷到豐洲，但部分仍留在築地的食肆，仍是來自世界各國旅客朝聖之標的。

顧名思義，「築地」，就是填海造地而成的區域，而且是從江戶時代就開始填海，所以築地的範圍並不小，並非只有魚市場和本願寺那一頭。龍馬第一次來江戶修習劍術時，住的土佐藩邸，還分成上屋敷、中屋敷、下屋敷等。如今打開地圖，便可尋到「土佐藩築地中屋敷跡」的位置，並非在遊人常去的場外市場那頭，而是必須從另一邊的「新富町」地鐵站上來，於現今中央區役所的位置便可見到說明牌。附帶一提，除了前述長期海軍傳習所之外，幕府後來也在築地設立了「軍艦操練所」，同樣有說明牌可循。

安政三年（一八五六）舊曆九月，龍馬再度來到江戶；而在築地的藩邸等著的，還有略早於他抵達的武市半平太。幾乎在同時，美國領事哈里斯，也來到下田就任。武市因為文武雙全，開設私塾與道場後，在土佐藩的影響力與日俱增，因此特別被「臨時御用」，派往江戶，但並非龍馬去的千葉道場，而是「鏡心明智流」的桃井春藏「士學館」。無論如何，這對遠親，總算是在江戶聚頭，也算圓了武市的夢。

不過武市半平太到江戶約一年後，就接到祖母病危的消息，孝順的他，只好再千里迢迢趕回土佐。而龍馬，則是留在江戶，繼續摸索著他的方向……

一八五六

尼古拉堂

東京都 千代田區

在東京千代田區，距離秋葉原、神田萬世橋不遠的「御茶之水」驛附近，有一座「東京復活大聖堂」，通稱「神田尼古拉堂」。這是一座俄羅斯東正教教堂，根據說明，它也是日本最大的拜占庭式建築。最初落成於一八九一年，目前的樣貌，則是關東大震災後的一九二九年修復完成的。

你可能會想，這麼一座教堂，和坂本龍馬該不會也有關係吧？

讓我試著用最簡單的方式說好了。在這座教堂建成的三十四年前——安政四年（一八五七），有一個同樣來自土佐高知的青年，與龍馬和武市半平太同時，也在江戶的桃井道場（士學館）修行劍術，他幼名叫山本數馬，後來改稱山本琢磨。這位琢磨，血緣與輩分上是龍馬的姪兒，同時是半平太的姻親。據說劍術也非常出色，曾在道場擔任「師範代」，等於是助教。

有一晚，琢磨喝完酒，在路上撿到一個金懷錶，於是和同行人密謀將它轉賣，結果被揭發。當時能擁有金懷錶的失主，想必也絕不會是等閒之輩，因此施壓藩邸，要求琢磨必須切腹謝罪。於是龍馬和半平太，便協助他逃亡。琢磨流亡到東北各藩，最後輾轉逃到當時堪稱化外之境的「蝦夷地」箱館，也就是如今北海道的函館落腳，寄身於箱館神明宮，成為婿養子，並改姓澤邊。

由於箱館離俄羅斯較近，開港之後，便有東正教的傳教士尼古拉，隨著領事館附設的聖堂，來到函館定居並傳教。流亡的琢磨依然抱著「攘夷」的信念，原本是有意要去找傳教士的麻煩，沒想到反而被教義感化，最終受洗入教，成了「保羅」兄弟。從神道教的婿養子，轉變為基督宗教的信徒，當然也引發了一些家庭風波，這就不多說。重點是，這位澤邊琢磨／保羅，從此一生服侍聖職，一路追隨並輔佐尼古拉神父。明治維新之後，他隨著神父，回到已經改稱為「東京」的故地，建設大聖堂。建堂過程中，曾遭到一些保守人士騷擾，但據說只要年少時曾是劍士、又曾服事神道的琢磨一站出來，哪怕態度溫和，也能威懾來人。

大聖堂建成之時，當初協助琢磨逃亡的龍馬與半平太，早已不在人世。不知晚年的保羅，回憶往事，會不會也想起，這兩位對他有再造之恩的親族？

第二部

激動的幕末

一八五八——一八六四

西鄉隆盛

鹿兒島縣　鹿兒島市　加治屋町

熟悉日本大河劇的觀眾想必知道，每年的人物故事主題，往往會與一個以上的縣市相關，並順勢合作觀光推廣，每一集播映完畢，便有短短的「紀行」介紹當地風土。我認識不少朋友，比起正片，甚至更是「紀行」的愛好者；從某個角度來看，如我這般順著人物生涯或歷史軸線的旅行寫作，或也可謂是一種紙面上的「紀行」。

二〇一八年，正逢明治維新一百五十週年，NHK上映了大河劇《西鄉殿》，正如之前跟著《龍馬傳》到高知、《花燃》去山口，那年我也趁著前往九州出差的機會，特地規劃造訪了薩摩。回想起初次由熊本搭乘新幹線來到鹿兒島的夜晚，依然值得一記，因當時我和旅伴彼此都已各自去過日本許多城市，然而鹿兒島卻仍是「未踏之地」，心中多少有種興奮感，那樣的感受，隨著去過的地點越來越多，已經不算常有了。

位於當時日本國土西南之極的薩摩，原是人文風土獨特的區域。從古代政治中心位於關西（而後關東）的眼光來看，不僅地處邊疆且有火山阻隔，看起來無論如何都似化外之地，然而它又與朝鮮半島一水之隔，並不缺乏海外文化輸入的機會。薩摩人自古被稱為「隼人」，可見其剽悍，卻又與太平洋岸的南國土佐，有著截然不同的風格。

前面曾寫到，當少年龍馬還在高知家鄉的日根野道場修習劍道時，島津齊彬回到了鹿兒島接掌藩主之位，推動集成館事業，並拔擢鄉中人才。其中有一位身分為下級武士西鄉家的青年，逐漸獲得齊彬的重用，不僅獲選陪同前往江戶「參勤交代」，而且深受其開明的產業觀與世界觀影響，並認識了當代的許多有識之士。青年的一生改過許多次名字，早期通稱吉之助、吉兵衛，最後以隆盛之名，為世人所熟知。

如果說到高知，到處都能「遇見」龍馬；到了鹿兒島，則是到處都能見到「西鄉殿」，顧名思義，指的就是吉之助，亦即日後「維新三傑」之一的西鄉隆盛。

位於鹿兒島中央驛對面的「加治屋町」，便是培養出包括西鄉在內的眾多薩摩志士之村里，其中有許多在明治維新之後都位極人臣，因而也特別開設了「維新故鄉館」，在這區域，有兩處西鄉的故居，「西鄉隆盛君誕生之地」，以及後來的「西鄉南洲翁宅地跡」。南洲是他的號。

西鄉比龍馬年長八歲。西鄉的生涯與功勳，如果真的要細說從頭，將會拉開另一條壯闊的軸線，我幾經思量，決定將他擺到未來另一個主題去書寫，而他後來與龍馬的連繫，則會在龍馬的人生中陸續道來。大河劇中，很多人都演過西鄉，但私以為，高島政宏最像。

相較於日本其它地區，九州可稱得上是燒酎之鄉，來到鹿兒島，當然都喝芋燒酎（薩摩芋，其實是我們說的蕃薯）。我也是到那次造訪，才真正發現這款酒的美好，隔兩年後，企劃了「酒鬼巴士」的首發團，便選擇了鹿兒島為主題，引領更多人認識燒酎的樂趣。似乎也只有透過燒酎，才能真正體會薩摩武士的風格。

篤姬

鹿兒島縣 指宿市 岩本

龍馬第二次江戶修行的期間，還有件值得一提的事。

從鹿兒島中央驛，搭上戲稱為黑白郎君的「指宿之玉手箱」（指宿のたまて箱）觀光列車，沿著鹿兒島灣，南下薩摩半島，目的地是「指宿」。在指宿，有座華美的「薩摩傳承館」，是由隔鄰的白水館旅館投資興建，兼具餐廳與美術館的功能。不過當然，薩摩傳承館是驚喜的發現，卻不是原本之目的。

從鹿兒島到指宿中間，會經過一個小站，「薩摩今和泉」。

在藩政時代，這裡是今和泉島津家的領地，這一家在幕末生了個女兒，幼名叫阿一，後來因應身分不同，有過很多個名字或稱號。例如源篤子、藤原敬子、篤君，以及御台所，最後是天璋院。

寫到這裡，相信很多人都知道了，她就是知名的「篤姬」。準確地說，阿一雖然是領主的姬君，卻不是在今和泉出生，而是生在鹿兒島的城山東麓，目前還留有「今和泉島津屋敷跡地」（篤姬誕生地）的景點。

關於篤姬的生平流轉，知道的人很多，暫不贅述。簡單地說，約莫在龍馬第二度前往江戶的兩個月後，隨著華麗的出嫁行列，篤姬也來到了江戶，在舊曆十一月入城，成為將軍家定的正室，入了大奧。篤姬和龍馬雖無實質上的交集，但同樣是幕末風雲中的要角；尤其是當時被島津齊彬指派、負責操辦嫁妝的西鄉吉之助，後來就跟龍馬有許多互動。

如今要看到較多的展示或史跡，在鹿兒島市內的「維新故鄉館」就可以找到，包括出嫁時的服裝與嫁妝、大隊人馬護送前往江戶的路線圖，還有微縮模型的呈現……

雖是題外話，但過去這十多年，NHK大河劇的幕末主題，可說是由二〇〇四年的《新選組》與二〇〇八年的《篤姬》帶起風潮。特別在臺灣，許多人對幕末的印象或理解，也多半從「篤姬」開始。大叔理應對打打殺殺、豪氣干雲的題材比較有興趣，但每次回顧，都不得不讚嘆，從選角、音樂、美術到劇本，《篤姬》實在是一部非常成功的大河劇。從九州薩摩南方海邊領主的小女兒，一路嫁到江戶的將軍家，這麼一個傳奇的人生故事，也不枉特地來指宿走一趟。

明治維新胎動之地

松下村塾

山口縣　萩市　椿東

還記得那位，在下田港，帶著隨從、試圖偷渡上美國船的吉田松陰嗎？

他在嘉永七年（一八五四）偷渡失敗後，向奉行所自首，先在江戶關押，後又被送回長州「國許蟄居」，投入野山獄一段時期，再回家「幽閉處分」。不變的是，他一直在讀書、寫作，甚至教導獄卒與其他犯人，成就學問之名。直到安政四年（一八五七），松陰終於獲得自由，並承襲了叔父的「松下村塾」，正式教導起藩內青年，開拓他們的思想與視野。

決定以龍馬的生涯軸線，來進行這趟大旅行的回顧與記述時，談到長州，往往是最令我感到棘手的。因為長州諸君，與龍馬往後的生涯實有許多羈絆，但究竟何時該寫到「如何前往」的行程安排，卻不容易。因為這些史跡，分散在本州最西端的兩側，主要在下關與萩兩座城市，而松下村塾，便是在位於日本海一側的萩（或稱萩城），只需先記得這座城市的名字，之後將會詳述如何前往。

儘管松陰後來又因遇上「安政大獄」，再度被捕入獄、最終處死；但在短短的村塾期間，於他門下學習的弟子，後來紛紛投入倒幕大業。除了「出師未捷身先死」的久坂玄瑞、高杉晉作、吉田稔磨等人之外，還有倖存到明治時代的，都成了維新的「元勳」：山縣有朋、山田顯義，以及縱橫明治政壇的伊藤博文。

這些弟子們榮華富貴之後，當然不忘彰顯師恩，因而當年松下村塾的位置，不僅立起「明治維新胎動之地」石碑，更建立「松陰神社」。那幾年我造訪各地，常有抽籤的習慣，造訪松陰神社時，抽到一支「大吉」籤：「唯だ誠の通塞を以て天命の自然に委したるなり。」籤詩的大意是，只要懷抱著真心，天命與時機終會到來的。

進行這些旅程的當下，原本就蘊含著思考與探索人生方向之目的，因而對於一個還未獲得最終答案而尚在努力的旅人而言，無論這籤詩是否僅是隨機與巧合，總是一種慰藉。有時候，我們在旅途中遇見的人與事，無非也只需如此一些意義，哪怕這意義或許是自己想像或賦予的。

產寧坂

京都府 京都市 東山區 清水

龍馬的第二次江戶修行，從安政三年（一八五六）舊曆九月，到安政五年（一八五八）舊曆七月，將近兩年的時間，取得了「北辰一刀流長刀兵法目錄」，同時也在千葉道場當了一段時間的「塾頭」，可見是一名相當厲害的劍客，儘管在他後來的生涯中，幾乎未曾以劍斬人而聞名。

當然有許多人也知道，他在千葉道場和師父的女兒，千葉佐那的一段感情史。儘管龍馬前後在千葉道場，總共度過三年的時光，但並沒有任何的歷史證據，足以證明他和佐那的關係。除了維新之後，佐那曾自訴與龍馬有過婚約，另外可以參照的，就是龍馬自己寫給姊姊的家書，曾經把家鄉的青梅竹馬——平井加尾，與千葉佐那的容貌做比較（還真是年輕男生會做的事）。

平井加尾，後來作為土佐藩主山內家的侍女，隨著姬君嫁入京都的三条家，而來到了京都。在司馬先生的《龍馬行》小說中，以加尾為原型，創造了「田鶴」這樣一

個虛構的角色；這位田鶴，不僅是土佐第一美人，且與龍馬互相傾慕。在小說裡，龍馬從江戶結束修行，返鄉途中，曾在京都的「明保野亭」，與田鶴小姐，共度良宵。

我少年時初次與家人同遊京都，已是一九八〇年代早期的事，對這座城市留下了極深刻且美好的印象，河流（後來知道是鴨川）、民宅（被稱為京町家）、寺廟，特別是清水寺與三十三間堂，曾經多年出現在夢中，恍惚之間不知自己是否真的曾經造訪。直到二十多年後，進入旅遊業，在一次帶團行程前夕，自費前往日本踩線，才重回京都。第一個前往的景點，便是當年夢中的清水寺。

而也就在那次行程中，行至清水寺出來不遠的、如今旅客都非常熟悉的「產寧坂」，意外瞥見路旁的店家，在門口貼出龍馬的肖像，並以「明保野亭」為名作為宣傳；事實上，它可說是我遇見的第一個龍馬相關景點。然而我後來開始研究龍馬生涯，查找許多資料，發現實在無法將龍馬返鄉的日程，與加尾在京都的時間對上，只能說，是司馬先生為了小說效果，營造出虛構的風雅羅曼史吧。

而後曾向京都龍馬會的赤尾會長求證，他也表示該店僅是借用其名，並非真實的地點，且若按照小說情節，也不該像是坂道階梯旁的餐肆，而該是有隱密空間的料亭。雖說可能是虛構，但我還滿喜歡那段情節；有時裝個糊塗，就當作龍馬真的來過明保

京

野亭，給店家捧個場，也算旅行之趣味。可惜，據說這家我最早遇見的龍馬景點，也不敵疫情肆虐而歇業了，頓時有種悵然之憾。

這年龍馬虛歲二十四。返鄉之後，開始慢慢地感受到幕末動盪的影響……

一八五八

高知城

高知縣　高知市　丸之內

前面寫龍馬在土佐的年月，一直沒寫到高知城；因為他在二十四歲前的人生，基本與藩主沒什麼直接關係，但此時，也該是藩主出場的時候了。口語上常常說「土佐高知」，其實「土佐」是國名或藩名，而「高知」則是城的名字，這麼記比較清楚。此前曾寫道土佐的藩主山內家，是由「中央」也就是德川幕府指派的外來軍事占領政權，而山內家統治土佐的威權象徵，毫無疑問就是高知城。

現在日本有許多「城」，都是戰後重建的，早已變成水泥＋電梯的現代建築，但高知城卻是少數維持原本結構，頗有參觀與保存的價值，高知城於一六〇三年由山內一豐建造，後來因大火而燒毀，現在的天守閣是一七四九年重建起來的，所以依然稱得上是古蹟。城內部也有許多歷史展示，除了歷代城主的甲冑與武器，更吸引我的仍是關於城下町平民生活的展示，還包括了古代捕鯨的情境再現。附帶一提的，建造高知城的山內一豐，有位賢妻「千代」，輔佐夫君先後追隨豐臣秀吉與德川家康，也才

獲得出人頭地的機會，這段情節也是大河劇《功名十字路》的主要內容。

就在龍馬二度返鄉的前後，安政五年（一八五八），發生了自黑船來航之後，幕末的又一大事件，「安政大獄」。同樣用最簡單的說法：原本江戶幕府兩百多年，一向都是將軍家說了算。但因黑船來航，當時的老中——阿部正弘，廣徵眾議，開啟了各藩從藩主到藩士熱烈發表政見、參與政事的風潮。這也是為什麼，我總說「黑船開啟了幕末」的緣由。

但後來新上任的大老——井伊直弼，認為此風不可長，要重新樹立幕府權威，所以用高壓手段，鎮壓「異議人士」，抓的抓、關的關、砍頭的砍頭、隱居的隱居。許多我們前面寫到的人物，其命運也都受到「安政大獄」的影響。

土佐的藩主山內容堂，也因參與政事，被迫退位隱居，將藩主之位讓給兒子。退位之後當然就不能住在城裡，所以我還特別去看了他的宅邸跡地，靠近鏡川，相當寬敞風雅，現址目前是山內神社。對面的山內家長屋，容堂還曾在此接見遠道來訪的西鄉吉之助，如今成了高級溫泉旅館「三翠園」。

就在安政大獄山雨欲來的氛圍中，龍馬回到了故鄉，等候人生的再度召喚。

傳馬町牢屋敷

東京都 中央區 日本橋 小傳馬町

我搭乘地下鐵日比谷線，來到「小傳馬町」驛。

東京的地鐵車站那麼多，這一站是從來沒來過、似乎也沒什麼動機來的；但來到此地，是因為這裡有個「十思公園」，過去曾經是「傳馬町牢屋敷」，以及處刑場。儘管原本就是為了這個目的而來，但從階梯走上地面，直接就面對著一方地標石碑，心中還是暗自驚奇。

在「安政大獄」中，被整肅或迫害的人，包括吉田松陰，以及橋本左內等，就在這裡被關押、處刑。雖然有過那樣的歷史，如今的此處，是明亮、開闊，且充滿宗教氣息的。

剛開始理解「幕末」的政治風雲，或許一時會搞不清楚安政大獄的風向。畢竟整肅的對象，既包括主張「攘夷」、「開國」論者，又從大名（諸侯）到庶民，甚至連德川家的親藩（包括一橋、松平）、「御三家」藩主……都受到嚴懲，這風向，還真不是一般的亂。但其實，一言以蔽之：無論開國或鎖國，保守或開放，都是「御公儀」（將軍家）說了算，其他閒雜人等，管你是親藩、大名、藩士、庶民，統統不得僭越。這樣理解就對了。

在安政大獄被處死的學者或藩士中，最為後人惋惜者，莫過於前述的，長州藩的吉田松陰，以及福井藩的橋本左內。他們既年輕、又有見識與行動力，無論放在哪裡都是人才。或許也正因此，才更成為幕府，或者說井伊大老的眼中釘吧。

除了上述在東京小傳馬町的松陰相關史跡，我也在不同的旅行中，偶然遇見了左內的身影。一次是在京都的二条通，尋訪一家咖啡館時，偶然路過「橋本左內寓居跡」，順手拍了下來；還有一次，是遠道前往福井追尋龍馬拜訪松平春嶽的足跡，行進間偶然瞥見地圖上的「左內公園」，便順道前往參訪，才知道，這位年輕人，在故國倍受尊崇，甚至入祀福井神社。

如果說「黑船來航」開啟了幕末的眾聲喧嘩，那麼「安政大獄」便觸發了「人斬」與暗殺的黑暗時期……

勝海舟則在此時擔任咸臨丸的船長，為簽訂「日米友好通商條約」去了美國。

櫻田門

東京都　千代田區

某年的一月底，在東京。抵達前幾天，剛下過一場雪。

我搭著地下鐵有樂町線，來到「櫻田門」驛。從三號出口上到地面，看到馬路對面，就是熟悉的大樓，常常在日劇或電影中出現的警視廳；斜對角，則是洋式建築的國土交通省。警視廳正對的，就是皇居（江戶城）內堀，以及入口之一的櫻田門。

安政三年（一八六〇）舊曆三月初，江戶也下著大雪。

一手促成「安政大獄」的大老——井伊直弼，這天一如往常，從彥根藩邸乘著轎子出門，要「登城」，到江戶城中處理政務。彥根藩邸，約莫在今日國會前庭公園的位置，距離櫻田門僅僅六百公尺。但是這天護衛著井伊大老的武士隊伍，註定走不完這短短的一段路。由於安政大獄處罰並處死了許多人，造就了不少積怨，特別是帶頭主張「尊王攘夷」的水戶藩士，更是為其老少二代當家，感到忿忿不平。而忠心擁護德川家、並執行開國締約任務的井伊直弼，自然就成為這些「志士」們的眼中釘，認

為必須「清君側」，除之而後快。

一切都是天意。由於當天豪雪，護衛大老的衛士，不僅身著合羽（雨衣），刀也都外加了防護套，因此遇到狀況時，無法即時拔刀反擊。在十七名水戶脫藩浪士，以及一名薩摩刀客的突襲行動中，代表幕府最高行政官員的井伊大老，竟然在櫻田門外，被暗殺並斬首了。這就是「櫻田門外之變」。

此舉無疑「激勵」了日後許多志士或浪士，紛紛以暗殺，作為消滅政敵、實現政治理念或野心的手段。德川幕府兩百多年雖專制但太平的歲月，從此告一段落，進入了《神劍闖江湖》（浪客劍心）劇情中描述的動亂時期。

我站在櫻田門，反覆看向國會議事堂的方向，目測著距離，以及事件發生的可能位置，根據讀過的一些記載，應是在櫻田門西側五百公尺處。內堀（護城河）旁，還積著前幾天的殘雪。心想如果哪天下大雪，應該還要再來一次，體會當天的情境啊。

土佐勤王黨

高知縣 香南市

若你從現今的高知驛南口出站，應該會看到三座很明顯的人物雕像，分別是武市半平太、坂本龍馬以及中岡慎太郎，統稱為「土佐勤王黨三志士」像。這組雕像是二〇一一年時舉辦「志國高知 龍馬故鄉博覽會」時建立，原本只是臨時性的裝置，卻因受到旅客歡迎，也成為拍照或相約的地點，就這麼擺放至今。

龍馬結束江戶修行，二度返鄉之後，當時的人生道路，如果沒有意外的話，應該就會在家鄉開設道場，繼續培養下一代的鄉士吧。然而世界已經變化，歷史巨輪已經開始轉動。無論是在江戶的見聞，或種種關於幕府的消息，想必都讓他心中，有股蠢蠢欲動的不安。

早他一年回到高知的武市半平太，更是不會甘於蟄伏於南國、自外於時代，因此祕密號召了他的徒生，組成「土佐勤王黨」。那是文久元年（一八六一）舊曆八月的事。此時的龍馬，雖然尚未有明確的政治主張，但在武市的驅使下，還是蓋了血指印，成為「土佐勤王黨」的發起人之一，當時那血盟名單多達近兩百人，可見聲勢之壯盛；而車站前那三尊志士像，無疑都在名單上，尤其中岡慎太郎，日後與龍馬的命運羈絆更深。

除了雕像以外，若要探尋這段歷史，似乎就只能來到離市區半小時車程，越過鏡川來到南國市，再越過物部川抵達香南市，那裡的「創造廣場 ACTLAND」有許多不同主題的展示，其中包括「龍馬歷史館」，館中有龍馬人生各階段的場景重現，便有土佐勤王黨結盟的情境。

該怎麼形容這個地方呢……因為它是一座蠟像館，和現今運用各種高科技媒材展示的各類博物館相比，多少有點昭和懷舊的氛圍，或許並非特別值得跑一趟的景點；然而館內有些收藏品，例如真田廣之年輕時扮演龍馬所使用的道具刀，仍是亮點。二〇一八年的一則新聞，卻令我驚訝地發現，原來這座歷史館中的蠟像，都是由來自臺灣的林健成先生製作。林先生已於同年逝世，正是在相關報導中，才知道這個脈絡。曾經在四國高知，與臺灣蠟像藝術家的作品相遇，想來依然是奇妙的緣分。

高知市內尚有一處永福寺（前的土橋），是上士與下士衝突的「井口事件」發生地，此事件亦被認為是催生勤王黨的因素之一，據傳龍馬亦有介入協調，但缺乏詳細史料；只是它正好位於坂本家墓所外，也曾順道探訪，正逢秋季，寺內亮麗的銀杏，竟意外絕美。

劍術詮議

香川縣 丸龜市 浜町

龍馬在一八五八年末回到家鄉之後，將近有三年時間，並沒有太多作為。直到文久元年（一八六一），也就是土佐勤王黨成立的那一年，忽然開始動起來。這時他虛歲已經二十七了。

這年十月，他先是申請去了丸龜藩「劍術詮議」（切磋劍術的意思）。期滿之後，又申請延長，渡海去了安藝（現在的廣島）。在這段期間，他受到武市半平太的密令，作為使者，遠道前往長州，會見了松陰的高徒與妹夫——久坂玄瑞。最後取道大阪，再回到土佐。

姑且先不論行程中的細節，靜極思動的龍馬，似乎熱愛這種「東奔西走認識人」的情境。不過根據一些與他會面的記載，當時他依然未有自己明確的主張，也不像某些「雄辯家」型的志士，能夠侃侃而談天下大勢。我自己的理解，是他尚未找到，真正能夠投入並信服的志業與方向，還在「聽人說」的階段。

龍馬曾經去過的丸龜藩，屬於讚岐國，也就是今天的四國香川縣。回顧過去的旅行，雖然不是為了龍馬，卻的確去過丸龜；當時是在一趟環瀨戶內海建築主題之旅中的一站，主要是為了拜訪谷口吉生建築師的「猪熊弦一郎現代美術館」（MIMOCA）。附近的海邊，還有中津萬象園、丸龜美術館等等。我驚訝的是，即使像丸龜這麼一個在四國、人口大約十萬的小城市，都有這麼「立派」的現代美術館，以及優美的庭園。從旅行的角度來看，四國算是我很晚才去到的區域，但過去幾年也因各種行程，陸續去了不少城鎮，以及內海上的島嶼。和九州充滿火山與溫泉的粗獷不同，四國相對非常「秀氣」。雖然山多地狹，仍有不少值得發掘的地方特色。

龍馬雖然生在四國土佐，也曾到江戶見世面，但對於四國的其他「國」，還有許多地方仍是初見。特別是又遠道去本州最西邊的萩，見了許多志士，根據紀錄，行程長達近四個月；那顆「驛動的心」，想必又被撩撥起來。這不禁令我想到自己少年時期，也因去了韓國、日本旅行，打開了對世界的嚮往，回臺後便完全無法專注於課業，同時因戒嚴時期役男必須等到十年後服完兵役才有機會再出國，當時那種被禁錮的心情，投射在國情封閉的土佐藩狀況，頗能體會龍馬當時之心情，而這或許正是不久之後，促使他定下做出驚天之舉的決心。

五台山

高知縣　高知市　吸江

「沒上五台山，就不算來過高知啊。」雖然我是直到第三次去高知，才白駕上了五台山，當時心中的確發出了如此慨嘆。

走筆至此，除了〈產寧坂〉，基本都遵循「正史」的摘要，而不太敢參閱司馬遼太郎先生的《龍馬行》。原因，正如之前寫過，司馬先生為了小說的戲劇效果，加了不少想像的人物與情節。儘管讓故事讀起來更鮮活，但如果一路「參閱」、「考證」下去，那真的會沒完沒了。但有時如果只按照史料，或維基百科上的生平，流水帳般的紀錄，也的確有點無趣。

在小說中，描寫龍馬出發去丸龜等地「劍術詮議」前，有一篇題為〈待宵月〉，講到龍馬的姪女春豬，偷偷約了下才谷家的小姐「美以」，找龍馬上五台山賞月的橋段。毫無疑問，這位美以小姐，當然也是美若天仙，且傾慕龍馬。而同樣的，對於仍在找尋自己志向的龍馬，這當然又是一段沒有發生的戀情（或也因他將美以視同姪女晚輩看待）。

五台山位於高知市東側，可以俯瞰鏡川、國分川、下田川等交會處，從這個高度看，才真正體會到，高知實是背倚四國山地的一座河港城市。望向出海口的方向，則是浦戶灣，雖然因為浦戶灣口地形彎曲且狹窄，大型船隻無法進入，但卻反而保留了悠閒風情。展望臺的欄杆上，留有一些「愛情鎖」，顯然也是約會勝地，勉強要比喻，有點像是臺北市區的圓山（象山離市區太近，陽明山又太遠），如我這般因龍馬而與高知結緣，已在市區到處奔走數次的旅人，早該上來俯瞰，才能感知城市的整體面貌。

對面河流交叉處小島上的幾棟低矮建築，看起來很適合開咖啡館或餐酒館，令人有想要去造訪的衝動；事後查閱地圖資料，才知道河中小島名為「弘化台」，原是高知市農漁貨品的中央卸賣（批發）市場之所在地，然而它並非如同過去的東京築地一般開放自由參觀，仍須先向市場課申請。

五台山西麓，靠近平地處，有一座吸江禪寺，小說中也寫到，這是個賞月看海（浦戶灣）的好地方。其實高知以賞月聞名的景點，除了五台山，還有桂濱，亦是旅客非常熟悉的名字。

桂濱

高知縣 高知市 浦戶

高知是個天然的河口港町，地形相當特別；而在浦戶灣之外，面向太平洋側，有一片雅緻的沙灘，被稱為「桂濱」，幾乎也是所有關於高知市的觀光宣傳，作為地標般的景點。以往讀司馬先生《龍馬行》，只要寫到桂濱，似乎就一定會提到賞月，因而印象非常深刻，例如：

・月夜，他便呼朋喚友到桂濱海灘。到了海邊，拿出席子，終夜飲酒。想起來，再沒有那樣美的月色了。

・不管龍馬以後走到哪裡，或許都不會忘了當時的明月。那時，武館的夥伴作歌道：月出浦戶口，行樂在桂濱。

・對於出生在土佐的人來說，桂濱就是故鄉。「最美不過桂濱月」，就像俚謠裡唱的那樣，高知城中的人每逢中秋月明之夜，都會聚集到這個海濱，一邊賞月，一邊徹夜把酒言歡，這已經成為一年中的節日。

從高知市區的播磨屋交叉點搭巴士到桂濱，大約需要半小時的車程，但是絕對非常值得推薦，尤其是龍馬粉絲必去。下車處有簡單的小賣部，步行上坡，經過小小的公園，眼前一片開闊，便是太平洋到了，而瀕臨著太平洋的白灰色沙灘，便是桂濱。我原先以為它會是一條綿長的沙灘，但很神奇地，被突出的龍王岬隔開，自成一段小小的半月形海灘，精巧優美，是會忍不住讚嘆的景致。

重點是沙灘周邊，種有許多蒼鬱的松樹，你絕不會將它與熱帶島嶼的海灘搞錯，它就是一個非常日本的海灘，彷彿是浮世繪中的景色。且在南側一角的龍王岬（或下龍頭岬）上，還有一座小小的神社，被稱為龍王宮。別忘了走到那裡，無論是鳥居與神社本身的高低層次，或回看桂濱全景，都是絕佳展望點。

儘管我去過三次桂濱，但多半匆匆來去，雖在市區過夜，卻無閒暇前往賞月；怕是要被高知人嘲笑不懂風雅了。上次離開時，心中也曾默默許願，既然史跡都已經走得差不多，下次再有機會來到高知，那便一定要選對日子，留時間到桂濱喝酒看月亮。

雖然景物如此優美平和，但遙想當年的土佐，由於老藩公親政，打擊勤王黨勢力，龍馬的許多好友，從武市半平太以下，均已被監禁或通緝許久。想必他心中充滿焦慮與苦楚，是無暇顧及風月了。

高知城歷史博物館

高知縣　高知市

第一次造訪高知城是在二〇一〇年，八年後再去，城外的「高知城歷史博物館」已經落成開幕。

由於高知城內部空間較狹小，蒐藏的許多文物無法全部展出，約六萬七千件山內家流傳下來的歷史資料及美術工藝品，就放在博物館中展出；而對於幕末與龍馬有興趣的人，在城下町的部分，也有相關的文物，而且有一幅說明牌，「土佐幕末的兩種觀點」，簡明扼要地標示了「藩VS.志士」雙方對於天下大勢的解讀與行動。用最簡單的說法，此時日本各藩的武士們，基本有「倒幕」和「佐幕」兩種路線，至於兩派都還各有許多不同的主張，真的要很有興趣、花時間才能搞得清楚。

在土佐，武市半平太的「土佐勤王黨」，可算是「倒幕」勢力的代表。武市天真地認為，藩主與老藩主（山內容堂）是挺他們的，但藩主身邊的謀士——吉田東洋，則是反對他們的勢力代表。因為櫻田門外之變，井伊直弼大老被砍殺之後，志士們就認為這種「清君側」的行為，是解決問題的好方法；因此武市就派人，將吉田東洋暗殺了。至於殺手，過去有戲劇表現為岡田以藏，畢竟以藏是日後的「四大人斬」之一。但其實斬殺東洋的刺客，是那須信吾等三人。

東洋被暗殺的地點，就在高知城與播磨屋橋的正中央，現在高知圖書館的位置。我開車路過發現，急忙轉了個圈，暫停在不遠處的便利商店停車場，跑下車拍了照，尋訪史跡，有時往往也需要這般機動性。當時租車是因為要去的點多，且距離較遠，不得不採取自駕的方式，實際上高知城下町的範圍不大，採取散步的方式幾乎可以走完所有的史跡，才是比較理想的速度。

那天我在高知城博物館，參觀完畢後，還在展望臺坐了一會，眺望城景，想著如這般「為了一座城、建一座博物館」，相當令人感佩。新建或重建的城，多半直接將內部當成展覽館，但如這般的古蹟，或已被毀壞的城，以這個方式來展現更理想，或許也可為關心古蹟保護的工作者提供一些啟示。

吉田東洋被暗殺，是「土佐風雲」的起始，更進一步激化了上士與下士的仇恨與對立。然而此刻，龍馬卻已經不在土佐……

脫藩之道

高知縣　高岡郡　檮原町

當土佐勤王黨的刺客，於文久二年（一八六二）舊曆四月初，在高知暗殺了吉田東洋時，龍馬已經悄悄地，在十多天前，離開了土佐，「脫藩」去了。

關於龍馬為何脫藩的原因很多，我們不妨理解為，當他擔任武市半平太的使者，前往長州，以及去丸龜等地劍術詮議的路上，感受到時代的氛圍與脈動。「相較於外部世界的動能，土佐卻還在計較上士下士的身分階級，實在太無聊了。」想必龍馬會有這樣的想法吧。在那個時代，脫藩是重罪，但龍馬既有大哥繼承家業，又不像半平太有一群門徒需要照顧，相對沒有負擔。若想參與世事，脫藩的確是唯一選擇。之前曾提到，龍馬初次去江戶，和他同行的是溝淵廣之丞；而這次和龍馬一同脫藩的夥伴，則是澤村惣之丞。這兩位「之丞」並無關係，卻也是巧合。附帶一提，這位澤村，後來一路追隨龍馬，直到生命的最後。

「脫藩之道」，是從高知往西行，翻山越嶺，跨越「國境」，進入伊予（愛媛縣），

再從海邊偷渡，搭船前往長州。

比較虔誠的方式，當然是用登山健行，重走一遍。但因時間有限，只能先開車探訪。我的「脫藩」，其實分了兩天。原本要直接上路，奈何下雨，且天色已晚，只得到「大乘寺脫藩志士集合地」就折返，隔天放晴，再重新出發。

在靠近高知與愛媛縣境附近，最後一個較大的聚落，是檮原村。在這裡特別設置了一組「維新之門」群像，標示著「從土佐走向世界」的年輕人們。檮原近年也因為開了一間高級溫泉旅宿及餐廳「雲之上」，而成為四國令人矚目的渡假地，更因設計此地幾棟設施的，是當紅的建築大師隈研吾，更是許多文藝青年新的朝聖之地。

如果時間允許，也很想直接從愛媛松山，搭船去山口的防府（三田尻），那才是完整的脫藩路線啊。可惜耗時太多，只得放棄。這天我從高知自駕到松山，還了車之後，又從松山搭上電車，返回岡山，再前往大阪。開車三個多小時，電車加新幹線又四個多小時，抵達新大阪，都已經深夜。這就是歷史旅行者的執著。但比起龍馬三天翻山、兩天渡海的脫藩「壯舉」，我的旅途勞頓，也不算什麼了……

白石正一郎宅跡

山口縣 下關市 下關

這天，我和旅伴從福岡（博多）出發，搭SONIC電車到小倉。許多遊客會從這裡，轉乘鹿兒島本線，到門司港，然後從門司港搭渡輪，去對岸的下關「唐戶市場」吃海鮮；對歷史有興趣的人，或者還會蹓步，到簽訂馬關條約的春帆樓，「日清講和紀念館」。這已經是非常熱門且普遍的行程。我的目的地雖然也是下關，卻不是觀光客多的這頭，所以轉乘的是山陽本線的普通車。昭和懷舊的紅色車廂，直接穿越關門海峽，抵達下關驛。

下關，是個充滿昭和風味的漁港。市區隔著「小瀨戶」水道，和彥島相對。在地形上，和基隆的正濱漁港、和平島，有些類似。從車站出來，沿著馬路前行，不愧是以河豚料理聞名的港町，連人孔蓋都是河豚圖案。不多久，就可以找到路旁的石碑，「白石正一郎宅跡」。

當龍馬和澤村惣之丞一起脫藩，在長州三田尻上岸後，首先就前往下關，去拜訪

昭和三十七年

白石。這位白石正一郎，人稱「俠商」，雖是商人，卻樂於資助志士。龍馬雖出身富商，但畢竟是偷偷脫藩，身上或無太多盤纏，拜訪白石，除了獲得資助、住宿以外，也可打聽西國動向。後來龍馬創立「海援隊」，未曾忘記恩情。白石正一郎成為他的貿易夥伴，關係親密。當然，那距離此刻，尚有很長且曲折的奮鬥過程。

龍馬初訪白石，是文久三年（一八六二）的事。雖是後話，但隔年，長州的豪傑高杉晉作，也正是在白石宅邸，組成了「奇兵隊」，撼動幕府的統治。為什麼要特別為「白石正一郎宅跡」立碑，正因它是幕末史的見證啊。

面向海港的建築外牆，因海蝕而斑駁，卻別有風味。我總覺得，這才是港町該有的樣貌。

寺田屋

京都府 京都市 伏見區

終於，寺田屋登場了。這是初次寫到這間旅宿，但絕不會是最後一次，因為它和龍馬後來的人生，有太多關係了。

龍馬之所以脫藩，主因是聽聞薩摩藩的「國父」島津久光（當時藩主島津忠義的父親，具有實質影響力），將率兵上洛（京都），志士們一頭熱，以為久光是要去「勤王倒幕」，故從日本各地，脫藩來共襄盛舉。問題是，久光並無「倒幕」的意思。他想推動的，是「公武合体」，也就是以天皇（公家）為中心，並由各諸侯（武家）共治的局面。而這些志士、浪士拱他與幕府對抗，簡直是要把他放上烤肉架，所以久光不但不買帳，反而要鎮壓激進派的志士。這就是「寺田屋騷動」最簡單理解的背景。

要了解寺田屋，當時為何成為薩摩藩士以及各地浪士們入京的「基地」，實地走一趟京都南邊的伏見，就會明白。以前志士們要從大阪往京都，為了躲避路上的盤查，多半選擇乘船，從淀川往上游。船隻稱為「名代三十石船」，有將近二百七十年間，都是來往大阪與京都的貨運與交通工具。到了伏見，三十石船無法繼續前行，就得換乘更小的船，才能行駛運河、進入京都。所以在伏見碼頭邊的「船宿旅籠」寺田屋，自然就成為志士們聚集之處。

一般旅客若是前往位於「洛南」的伏見，通常是為了拍攝千本鳥居的伏見稻荷大社，然而真正的河港區域，是位於更南邊的中書島驛。或者更適合的方式，應該是從大阪搭乘京阪電車「上京」，提前在中書島下車，便能從真實的地理位置，感受當年的動線。如今此區尚設有京都府立伏見港公園，至於寺田屋，則是位於車站往北步行約五分鐘的運河支流旁。

文久二年（一八六二）舊曆四月，島津久光派大久保一藏（日後的大久保利通）等人前往寺田屋勸說、不成之後進行「肅清」，成為薩摩志士之間互相殘殺的悲劇；如今的寺田屋，立有「薩藩九烈士殉難之址」、「寺田屋騷動紀念碑」等。

附帶一提，當時在混戰中受傷、但未殞命，後來被判「歸藩謹慎」的志士之一，西鄉信吾，也就是西鄉隆盛的弟弟，後來的陸軍卿、海軍大將——西鄉從道，於牡丹社事件時率兵「征臺」。如果當天他在寺田屋遭砍殺，或許此後的歷史或征臺指揮官就不同了吧。

龍馬此時雖仍在下關，尚未來到京都，但寺田屋日後與他的命運將有緊密連結，甚至也曾在此遭遇血光之災，這是後話了。如今平靜悠閒的伏見運河，仍可乘船遊賞，實難想像當年的繁忙與動亂之景象。

一八六二

阿龍

京都府 京都市 中京區

懷念的京都。許多季節，在京都皆有回憶，但最多的還是夏日。

京都的鴨川，大家都很熟悉。前面寫到古代由大阪的淀川乘船上行，由伏見河港換乘平底小船進入運河，如今若打開地圖，視線沿著河道上行，便可一路來到京都市區。位於西岸，與鴨川平行的「木屋町通」，亦是往昔運河的遺跡，特別是在三条與四条之間，自幕末時期至今，可說是京都夜生活最繁華的領域。而木屋町通與鴨川的中間，甚至還有一條更狹窄的「先斗町通」，更是每年夏日，「鴨川納涼床」的所在，充滿著舊日的風情。這些街道，也都將成為幕末志士的舞臺。

二〇〇九年，也就是ＮＨＫ大河劇《龍馬傳》播映前夕，是我初次進行有計畫之龍馬主題旅行的開始，當時第一站先來京都，便是從這個區域開始探索。這類旅行，通常會在路上邊蒐集更多資料，也正因此偶然得知在三条木屋町附近，藏著一家名為「龍馬」的小酒館，某天夜裡我和旅伴輕輕掀起酒館的暖簾，從此展開了一段延續多

龍馬
RYOMA KYOTO
やっぱり、キリンのラガーぜよ。
おでん
LAGER BEER

年難得的緣分。

龍馬小酒館的主人赤尾博章先生，是「京都龍馬會」的理事長，自幼生長在這個街町，不僅時常參與或舉辦與龍馬有關的講座或活動，同時更是《京都幕末地圖本》的作者。而他整理的「龍馬完全年表」，是我生平僅見最鉅細靡遺的版本，無論是在我後來進行史跡旅行，或跟著龍馬生平進行文字整理時，都是極具意義的參考資料；當時曾連續三年前往拜訪，赤尾先生始終相當友善，進行各種指導與協助，我非常感激他。

話說龍馬脫藩後，由於原本預定參與的「勤王倒幕」被迫中止，於是將近有五個月的時間，從長州到九州，想去薩摩又不得其門而入，只好又返回，最後回到大阪，再去江戶投靠千葉道場。而就在他「浪流連」的這段期間，在京都，有位出身自長州藩的醫者，因為早年與志士往來，受到安政大獄牽連，出獄後身心俱疲，最後病亡。醫者的名字叫做楢崎將作。

將作有三個女兒，長女叫做楢崎龍，後來通稱阿龍（おりょう）。父亡之後，據說母親被騙，兩個妹妹被賣入花街，阿龍冒死與惡人周旋，救回妹妹，這是她給人「女中豪傑」印象的由來。阿龍後來輾轉到了七条新地的旅館工作，在那裡出入著不少的土佐藩志士。兩年後，她將遇見命運中的男人，坂本龍馬。

楢崎將作的舊宅，在今日三条柳馬場附近、YMCA的後方；而阿龍獨身時，則住在三条木屋町通的附近，正是如今龍馬小酒館的所在，如今酒館那棟大樓前的角落，立著「此附近 坂本龍馬妻阿龍獨身時代寓居跡」。酒後微醺，浮現起赤尾夫婦每晚穿著龍馬與阿龍的服裝，在店內招呼同好的笑容，深深理解了赤尾先生將酒館開在此處的意義，心中生起一股暖意。

司馬遼太郎紀念館

大阪府　東大阪市

繁華的商業都市，大阪。既然寫到了京都，怎麼能不提大阪呢？

在我進行龍馬史跡探訪的初期，大阪原是不在行程名單裡面的。畢竟，在許多關於龍馬的生平或行跡的書籍中，它似乎都不是重點。但如果你深入且細微地跟隨、並試圖描繪龍馬曾走過的路線，就會發現，在他南來北往的諸多旅程中，大阪其實是一個無法輕易跳過的「節點」；當然或許正因為它多半只是個節點，而非重要事件的舞臺，因此著墨不多。

在德川幕府統治的兩百多年間，由於政治中心在江戶，而京都和大阪，則分別作為「公家」與「商人」的街町，各自存在著。直到幕末風雲起兮，各路諸侯與志士取道大阪、齊聚京都，使得這兩個城市，又浮上歷史的檯面。

其實西國諸藩，包括龍馬出身的土佐，以及「雄藩」薩摩……等，基於物產貿易與人員往來的需要，在大阪都設有不少藩邸、倉庫等設施。特別是在大阪市二十四區最南端的住吉區，粉濱驛附近，便有著「土佐藩住吉陣屋跡」。這些史跡，我雖未一一探訪，但在龍馬初次脫藩浪遊的後期，包括武市半平太、岡田以藏、溝淵廣之丞、澤村惣之丞、平井加尾，以及岩崎彌太郎等，與龍馬有關的人物，都曾聚集於京、阪，且應與他有所互動。

在大河劇《龍馬傳》第二部的前兩集，約略描述了這些複雜的情節。無論是出自想像或史實，也算是做了前後劇情的梳理。

一次出差行程的空檔，我來到位於東大阪市的司馬遼太郎紀念館。儘管此館似乎與龍馬的生涯沒有直接關係，但如果不是司馬先生的小說，只怕龍馬也不會如今日這般成為日本的民眾偶像，若從這個角度來看，則沒有理由不來朝聖。紀念館內主要有兩座建築，一是司馬先生的故居，重現了他在此寫作三十年的情景，而另外一座由同樣出身於大阪的建築大師安藤忠雄所設計的紀念館，除了一貫的極簡風，更蒐藏了司馬先生近兩萬冊的藏書。

對於喜愛閱讀與歷史的訪客而言，彷彿是到了思想聖地一般地喜悅。

或許是為了彌補龍馬真實生涯的紀錄中，相對缺乏在大阪的事蹟與史跡，司馬先生在小說中，加入了許多龍馬在大阪發生的故事情節。小說開始不久，便與田鶴小姐同抵白髮町的土佐藩邸，見證「天下財富集散之地」，又在高麗橋差點被同鄉的岡田以藏暗殺，甚至貫串全書的虛構配角、追隨龍馬的小偷寢待藤兵衛，都是在大阪遇見。

幾乎可以想像，若是小說的忠實讀者，應該恨不得在大阪的各個角落，都立下「《龍馬行》某某故事發生地」的告示牌吧。也正因此，許多評論家都不厭其煩地特別提醒，司馬先生的作品是「基於歷史人物的虛構小說」，而非真實的歷史。然而往往小說比歷史的影響力更大，也更深遠，其實只要想《三國演義》中有多少虛構的情節，卻遠比《三國志》更受人歡迎，便可明白。

如今一般旅客來到大阪，多半為了環球影城，或幾條「必去」的商店街；我原本也覺此城有些無趣，但自從用龍馬的眼光來看，就認為大阪應該也是一座要從河面上看的城市。若有更多閒暇，買張水上遊覽船票，遐想當年經由水路進城的畫面，或許才能真正發現這座商業城市的魅力。

二〇一〇年，也就是大河劇播映那年，唯一的「龍馬十人團」，曾在大阪路過用餐，就在旅客們非常熟悉的心齋橋筋，一家叫做「酒友龍馬」的居酒屋。很可惜，當我查資料時，發現這家店已經永久歇業，但還有一家分店在梅田，或許將來可再前往尋找回憶中的場景與味道。

當年拍攝的相片中，知名的打卡景點「固力果」招牌對面，帥氣的福山雅治，頂著龍馬造型的長髮，出現在廣告看板上。算是一道時代的風景吧。

勝海舟

東京都　墨田區

有一年到東京參與策展，和夥伴們前往位於赤坂的民泊，艱苦拉著行李上坡後，抬頭驀然看到街角一組銅像。

因為實在看過太多，所以遠遠地我就認出，「那是龍馬啊」，走近一看，原來旁邊坐著的是勝海舟。那是一組「勝海舟、坂本龍馬師弟像」，之所以稱「師弟」而不是「師徒」，或許因非正式收徒，又或者因為兩人關係，亦兄亦長。

文久二年（一八六二）舊曆八月，龍馬結束了脫藩後五個月的「浪流連」，抵達江戶，投靠千葉道場。此後一段期間，他時常與千葉重太郎共同行動。重太郎既是道場的「小師父」，心中似乎也很希望將妹妹佐那許配給龍馬，因此又多了一分情誼。

兩人輾轉經過引介，在該年冬天，共同前往拜訪勝海舟。

此時的海舟，早已完成長崎海軍傳習所的學業，並且擔任咸臨丸艦長，航行到美國又回來，是真正見過世面的人物，並已成為幕府的「軍艦奉行」，等於是海軍司令了。

但是在攘夷志士的眼中，類似勝海舟這種蘭學背景、洋派作風的，當然是該斬的奸人無誤；因此過去的野史，常常描寫龍馬和重太郎，原意是要去刺殺海舟。

不過在正史中，此時的龍馬，雖然立場傾向「倒幕」，但並沒有特別強烈的攘夷思想，更不用說殺人。不如說，他對世界依然充滿了好奇，因此才有強烈意願，想聽聽海舟的見解。結果大家已經知道，龍馬對海舟一見傾心，認為是世間偉人，隨即拜倒門下。這，也算是龍馬真正有明確的生涯目標，並開始慢慢登上歷史舞臺的，一個關鍵時刻。

如前述，之所以在赤坂會有一座二人的「師弟像」，因為銅像所在位置，是晚年海舟的居處，他並在此寫下了《冰川清話》。如今是冰川武道場，以及老人安養院。龍馬和重太郎拜訪海舟時，他應該還住在「本所入江町」，也就是我曾去過的墨田區。根據後來考證，除了海舟的出生地以外，墨田區還有另一處「居住地」，也只能等疫情過後再去了。

兩次旅途中與海舟的「偶遇」，意外地將這段關鍵歷史，串連起來。

龍馬飛翔之地

靜岡縣　下田市

還記得培里二次來航、吉田松陰密航失敗的伊豆下田嗎？後來這裡作為美國初次在日本設立的領事館之所在，留下了不少幕末相關史跡。除了培里與松陰的紀念碑以外，在港灣中心點的圓濱海遊公園，也矗立著一尊龍馬銅像。

龍馬什麼時候跟下田又有關係了？

其實是在勝海舟收了龍馬為門生之後，開始需要他去各地奔走，作為海舟的代表，協調事務。然而礙於他的「脫藩浪士」身分，還要逃避土佐藩的追殺與盤查，諸多不便。於是海舟趁著一次航行，來到下田，得知土佐的老藩公山內容堂也在此宿泊，故趁機親自為他求情。根據各類戲劇或記載，由於容堂一貫看不起下士，原本並未明確給海舟面子，但禁不起海舟的堅持，口頭上赦免了龍馬。

幕府的海軍司令（軍艦奉行），為了一介浪士，親自向諸侯（大名）說情，龍馬怎能不衷心感激，終身報答？正因有這麼一段典故，所以下田又成了「龍馬飛翔之地」。

特別是市中的寶福寺，由於當時作為幕府的「下田奉行所」使用，成為上述許多歷史發生的地點，更是大大宣傳。當地還流傳著美國領事哈里斯與藝妓「唐人阿吉」的故事，由於和龍馬無關，就不特別延伸了。仍然可見，只要和龍馬沾上一點邊，都是當地珍貴的旅遊資源。

在下田，與吉田松陰、培里，以及龍馬的史跡，分布甚廣，幾乎是圍繞港口一周，倘若時間寬裕，散步亦不是不行，但當時已近黃昏，抵達「伊豆急下田」驛時，幾乎不知該從哪裡開始，於是問了車站的旅遊櫃檯，得知可以用包計程車的方式進行，頓時有種「得救了」的感覺。

我在幾次站前遇到的老司機，多是十分親切而且熟門熟路，隨即先從最遠的「吉田松陰上陸之碑」開始，接著是「吉田松陰至誠通天彰顯碑」、「哈里斯小徑」、「坂本龍馬像」、「培里艦隊來行紀念碑」一路撿拾回來，最後來到寶福寺，亦是松陰密航（偷渡）失敗後自首之處，再回到車站。

這也是從多次踏查史跡學到的方式，固然需多付車資，但比起時間與體力的付出，依然十分值得。司機最後將我送回驛前，見我完成任務連聲道謝，也頗有種「又幫一個歷史宅完成心願」的滿足感，都可謂是旅途中難忘的人情點滴。

土佐藩邸

京都府　京都市　中京區

此前曾提到在京都，與鴨川平行的木屋町通，路中央有小小的水道流經，那便是昔日的運河「高瀨川」。高瀨川是在江戶幕府時代初期，引鴨川水而開鑿，從二条直到伏見，約十公里的長度。但水深僅有十多公分，只能行駛平底的小船，這類船在日本各地都有，通稱為「高瀨舟」。所以應該是「川以舟為名」。從伏見再往北，貨物大多經由此川運送，因而許多藩邸，都設在高瀨川旁。土佐藩邸，便是在三条、四条之間，現址曾是「舊立誠小學校」旁。

勝海舟在下田向山內容堂請求赦免龍馬脫藩之罪，容堂應允之後，龍馬也不是馬上就獲得自由之身。無論是根據藩法，或官員自己的判定，他來到京都的藩邸時，被判「藩邸謹慎」七日，也就是被軟禁七天，之後才真正恢復「藩籍」。

不過大家也可以想像，對於龍馬這種來去如風、自由自在的性格，土佐的風氣與規定實在令他窒息，所以後來又二度脫藩。這是後話。

如今在高瀨川畔的一角，木屋町通與蛸藥師通的路口處，仍可見到「土佐藩邸跡」的石碑。在明治維新之後，為了推動國民教育，據說最初是利用大黑町的荷蘭人住宅開啟的私塾，其後因空間不夠，便遷移校址到高瀨川旁，並在一九二六年建起了鋼筋水泥的校舍，已有近百年歷史。

後來因學員不足而廢校之後，依然作為藝文空間使用，而後經過幾年整修，現已成為京都最新的地標飯店 The Gate Hotel，以及複合商業設施 Rissei Garden Hulic Kyoto。未來再去尋訪幕末的旅程，終於有一座「現地」的飯店可選擇，而且若從時空穿越的角度來看，等於是和當年的龍馬，住在幾乎同一個位置，想來也頗令人興奮。

若是沿著木屋町通往北走，有一小段路，又岔出窄窄的「西木屋町通」，同樣與運河平行，是非常珍稀的所在，亦是以前彥根藩邸的位置。有一年我在雜誌角落，瞥見這裡竟然有一家「原彥根藩士的住宅」改成的家庭餐廳，名叫「蓮藕屋」，隨即乘興前往。

它完全保留了幕末當時的建築樣式，雖是一間簡陋的小木屋，客人只能盤腿坐在只有兩三張小桌的榻榻米上，吃的也都是粗茶淡飯配小魚乾，卻完全令人可以體會當時藩士們的日常生活；時隔多年，當我再度搜尋這家餐廳的資訊，赫然發現它名列米其林「必比登」的名單上，不由得又為自己「因尋訪史跡而發現私藏名單」的經驗，驕傲起來。

高瀨川、木屋町通的附近幾乎處處是幕末史跡，將來我還會在此遇見更多龍馬的落腳處。

奔走募資

福井縣　福井市

我從京都搭上東海道新幹線「回聲」列車，到米原轉乘北陸本線往金澤的「白鷺」電車，但目的地卻不是金澤，而是途中的福井市。以往對於米原這個地名尚覺陌生，近年走讀歷史越多，才越發感受到此地的重要，由關西（近畿）通往北陸與東國的隘口與樞紐，戰國時代決定性的「關原之戰」，就發生在距此往西不遠的山間盆地中。

同樣地，以前也沒想過有什麼特別的理由要前往福井；正如當年初次龍馬之旅，只去了京都、高知、長崎，便已滿足；但隨著對他生涯的深入發掘，足跡也越來越廣。好比說越前福井，其實在龍馬人生中，也占有關鍵的地位，只是似乎很少人真正去理解它的意義。作為一個長年的龍馬關注者，從早年認知他是位「革命者」，著重於其政治上的影響；到近年，隨著自己創業的進程，越來越覺得，他更像是個「創業家」。

此前說過，向土佐老藩公，請求赦免龍馬脫藩之罪的，除了幕府的「軍艦奉行」勝海舟以外，另外還有一位要人，就是越前藩主——松平慶永（春嶽）。如果一個海軍司令還不夠，再加上一個德川家嫡系血脈的諸侯，總夠力了吧。松平春嶽作為「幕末四賢侯」之一，是透過千葉道場而認識龍馬，從此非常喜愛這位青年。因而當勝海舟獲得將軍允許，準備籌設神戶海軍操練所，同時允許他開設私人「海軍塾」，需要資金時，就派了龍馬前往福井，向春嶽「募資」。

從某個角度來看，春嶽是龍馬生涯的第一位「天使投資人」。儘管神戶海軍操練所的實際負責人仍是勝海舟，但他畢竟仍具有「幕臣」的公務員身分，因此投資的對象，與其說是海舟，不如說是龍馬。龍馬也在這次募資的過程中，認識了來自熊本的政治顧問——橫井小楠，以及越前藩的財政負責人——三岡八郎。雖然不想劇透，但其實讀過司馬遼太郎《龍馬行》的讀者或許還記得，此後龍馬生涯最後一趟出行，目的地也是福井，見的人便是三岡八郎；這段情節，寫在最後一章〈近江路〉中。

福井驛西口被稱為「恐龍廣場」，才意識到恐龍博物館原是福井縣吸引親子旅遊的觀光特色。但我之目的是相關史跡，走向昔日的福井城，雖只剩下石砌的基座，但時至今日，原址仍作為縣廳使用；庭園中的福井神社，祭祀著龍馬最初的創業金主松平春嶽。春嶽是「幕末四賢侯」中唯一具有德川家身分者，事蹟貫串了整個幕末維新史；而距離福井城不遠處的足羽川幸橋畔，立著一座「龍馬之歌碑」，記述著此次龍馬與橫井小楠、三岡八郎見面的經過。當晚我下榻在驛前的商務旅店，雖僅是短暫停留，卻仍默默感受著龍馬來此募資成功的喜悅。

薩英戰爭

鹿兒島縣　鹿兒島市　清水町

就在龍馬追隨勝海舟，並為了籌設神戶海軍操練所奔走募資時，土佐和薩摩，分別發生了變故。

首先是土佐。此前因為安政大獄被判「謹慎」的老藩公——山內容堂，回到了土佐，並開始追究吉田東洋被暗殺的責任，因而導致土佐勤王黨的成員紛紛走上切腹、監禁的命運。龍馬畢竟是勤王黨的發起人之一，如果跟著武市半平太的路線，很可能也難逃此劫。所以「脫藩」的決定，反而讓他遠離了土佐的風波。

再來就是「薩英戰爭」。從前任藩主島津齊彬開始勵精圖治、整軍經武的薩摩，因為一場意外，殺害了幾名誤闖「國父」（藩主的父親）島津久光出巡行列的英國人，史稱「生麥事件」，招致英國的報復，由東印度艦隊司令，親自率領七艘戰艦，開往鹿兒島興師問罪。幾言不合，雙方開戰。儘管薩摩方面也蒙受不少損失，包括齊彬設立的「集成館事業」都遭到炸毀，但薩軍的岸上砲火，也造成英軍相當大的船艦與人員損傷。戰後談判，薩方抓住幕府不想（敢）得罪外國人的心理，向幕府借錢賠償英方；而英國在此戰役中，體認到薩摩的勇武，以及近代化的實力，雙方不打不相識，反而建立起某種程度的合作關係。此後，漸漸形成一種「英國挺薩摩，法國挺幕府」的局面，將歐洲強國的全球爭霸，延伸到日本幕末的局勢來。

在薩英戰爭中，有一些人物，也值得一提。例如薩船「天佑丸」上有一位五代才助，曾經去長崎海軍傳習所學習，但在此戰中被英軍俘虜，之後輾轉逃出。在薩英關係修好之後，他被派去英國留學，回日本成為實業家，就是開創了大阪商會的五代友厚。另外，在岸上砲擊英國軍艦的薩摩官兵中，有一門砲的人員組合特別傳奇。指揮的是大山巖，兩位砲兵分別是山本權兵衛、東鄉平八郎。如果熟悉日本近代史的朋友，應該也會嘖嘖稱奇。簡單地說，這門砲的三人，在四十二年後，分別是日俄戰爭中，陸戰與海戰的最高指揮官。

雖是題外話，但司馬遼太郎先生繼《龍馬行》成書之後多年，又陸續寫了《宛如飛翔》以及《坂上之雲》兩部長篇小說，這三部也被稱為是「司馬史觀」的代表作，這幾位人物都是後兩部書中要角。後來我在年輕的歷史學家磯田道史的著作《跟司馬遼太郎學日本史》書中也學到一個觀點，那就是司馬先生的小說，並不能代表歷史本身，卻可以試著去理解他對戰爭的思考，以及希望傳達給讀者的意念。

今日的鹿兒島，在清水町的海邊，設有「薩英戰爭紀念碑」。如果要就近參訪，那麼之前提到的加治屋町，正是上述這幾位歷史人物成長之處，可以在「維新故鄉館」中找到有關的展示。

遙想薩英戰爭，便不禁將它與《傀儡花》、《斯卡羅》的「羅妹號事件」做個比較。薩英戰爭是一八六三年，羅妹號事件是一八六七年；前者是英國海軍對薩摩武士，後者是美國海軍陸戰隊，對排灣族原住民勇士。先不論成敗功過，但透過小說或戲劇，讓更多人對東亞近代史產生興趣，或願意更深入去理解，我覺得總是好事。

新選組成立

京都府　京都市　下京區

若你走出京都驛，沿著左側步行，經過幾個仍留有「小路」名稱的街町（如塩小路、油小路），再經由步道跨越國道一號，便可來到京都麗嘉皇家酒店。之所以對這段路徑留有印象，乃是早年帶領旅行團曾下榻於此，同時在某日行程出發前，意外發現酒店前的路旁，立著一塊石碑，上面刻著一段文字，落款竟是「新選組局長 近藤勇」。後來經過考證，這裡便是新選組「不動堂村屯所」跡。

誠實地說，儘管對幕末的題材很有興趣，但長年以來，我一直沒有成為新選組的粉絲。理由要說起來也簡單，那就是相對於龍馬這類「志士」，以「誠」為旨、效忠幕府的新選組可說是對立的一方，因此在早期的小說或戲劇中，多半扮演著反派的角色；所以我並未特別去「追」他們的史跡，僅是在路旁商店見到以其為主題的紀念品，隨手拍下，又或者如前述正好偶遇新選組的屯所，做個記錄，如此而已。

不過，隨著對於幕末的歷史更加理解，對事件的背景有更深入或多元的思考，同

一八六三

時日本的戲劇，亦常常會以不同的角度來詮釋同一個時代，「好人」或「壞人」，端看該劇是站在哪一個陣營的立場。新選組，當然也有各種不同的詮釋角度，特別是近年閱讀更多譯本，如《新選組血風錄》、《燃燒吧！劍》乃至《王城的護衛者》，以及更多的影劇作品後，確然能夠以相對寬鬆的眼光來看待。我不會貿然地說是「洗白」，只能說，他們無疑也是，幕末這段風雲歲月，其中的要角之一。

近藤勇、土方歲三、沖田總司……這幾位新選組核心人物的出身，均來自靠近江戶的「天然理心流」試衛館，原本僅僅是平民或浪士背景，但是在幕府用人之際，被時代的浪潮推向京都，從原本的「王生浪士隊」成為「新選組」，取締或斬殺倒幕志士，維護京都治安。這個時間點，是文久三年（一八六三）的舊曆八月。當時的龍馬，則是四處奔走協助成立「神戶海軍操練所」的時期，再次幸運地置身於風波之外。

新選組在京都的屯所，曾在王生寺（也是他們被稱為「王生狼」的由來）、西本願寺，最後定在不動堂村，也正是我所見到的石碑所在；事實上，在日後的某次行程中，也曾在北海道函館的五稜郭，遇見土方歲三最後戰鬥的相關歷史。或許將來，當我將旅行的主題，從龍馬擴大到整個幕末乃至維新的範圍時，會再去將有關他們的史跡，一一撿拾起來。

史蹟旧海軍操練所跡
兵庫県政百年記念

神戶海軍操練所

兵庫縣　神戶市　中央區

一九八一年，日本神戶為了慶祝人工填海的「港島」（Port island）落成，舉辦了一場名為 Portopia '81 的博覽會。從事旅遊業的父親，趁那時安排了一趟全家的日韓自助旅行。那是我第一次出國，也是初次到日本。雖然是從大阪入境，但到達時已晚，隔天就前往神戶，參觀博覽會。所以，印象中，總覺得神戶才是我第一個「認識」的日本城市。神戶，是個充滿魅力的港都，儘管經歷過阪神大地震的破壞，終究還是復興起來；而我竟然相隔了三十年，於二〇一一年帶團過境，才有機會「回」到神戶。

自由活動的上午，一早就搭上「神戶新交通」的港島線，去尋訪少年時的記憶；當然，也是為了龍馬的史跡。

港島繞一圈回到「神戶三宮」，出站直接搭計程車往港邊去，在現今 Docomo 大樓旁，找到「神戶海軍操練所跡」的石碑，上面還矗立著舊戰艦的錨。碑上的銘文，可以找到勝海舟，以及坂本龍馬、陸奥宗光等學員的名字。

龍馬去越前福井募資，獲得第一筆「天使投資人」的鉅款，得以為勝海舟成立海軍塾，然後又到處說服浪士，和他一起加入。這並非容易的工作，更何況當時大家都想當「志士」，對於航海一知半解，但龍馬被任命為「塾頭」，大抵是班長的意思，負責督促激勵眾人學習。龍馬因此有了一群自己的夥伴，而這群夥伴當中的許多人，也將伴隨他開創事業，並走到生命的最後。

要到很晚近，我才意識到神戶其實是一座非常新的城市。儘管古代就有「兵庫津」的名稱，且在《平家物語》時代，平清盛就曾夢想建立一座海洋貿易都城「福原京」，但畢竟功敗垂成；直到幕末開港，挑選了兵庫港以東三公里的神戶村為地點，同時作為外國人居留地以及新的港口位置，可以說是一座因「異人」（洋人）而建立的城市，也留下不少「異人館」之名。在龍馬那個時代，應仍只是海邊的小漁村，卻擁有「神戶」這般大氣的名字。

回程時漫步，此街區正是以前外國人的居留地，儘管已經高樓林立，角落仍頗有歐陸風情；晚上在飯店，開一瓶「神戶美利堅」啤酒，在陽臺欣賞夜景，很符合港都的情境。

第三部

海援翔天

一八六四——一八六六

立山奉行所

長崎縣 長崎市

文久四年（一八六四），坂本龍馬虛歲三十。距離他被暗殺，還有兩年多的時間。

早期讀陳再明先生的《日本人物群像》，寫到龍馬，驚嘆於其畢生事業，幾乎都在生命最後兩年完成；我每次回顧，也常感到驚訝或慨嘆。這個人如果多活幾年，不知還會創造多少精彩！但此刻慨嘆，或許尚早。龍馬懵懵懂懂、尋尋覓覓，到了三十歲，終於有了名師，找到方向。

這年舊曆二月，勝海舟奉幕府命令，前往九州各藩，進行考察與協商。此行是為了攻打長州，預做準備。長州位在本州最西端，一旦開戰，就近需要九州各藩協助，因此海舟先行前往了解部署，實屬必要。

他帶上了龍馬同行。幕府高官隻身前往九州「出張」，已算稀奇，還帶了一名浪士，更是不合常理。但他一方面需要護衛，而龍馬劍術高超（儘管未曾展現）；另一方面，相信也是想讓龍馬見見世面。他們這趟旅行，從神戶、佐賀、熊本、長崎，最後再從佐賀乘船回到神戶與大阪，歷時兩個月，可說是師徒相處最久的一段時間；無論小說與戲劇，都有動人的描述。海舟曾經在長崎海軍操練所待過五年，無疑留下許多回憶，途中也向龍馬述說這段經過，更增進二人之間的相互理解。

海龍師徒來到長崎，原本住的是森崎奉行所，後來又換到立山奉行所。這個立山奉行所原址，現在是長崎歷史文化博物館，曾在日本（以及世界各地）遇見許多小型城市或主題博物館，不少便是利用歷史建築空間，更能展現歷史的堆疊與累積。

我二〇〇九年初次參訪，正好遇到「阿蘭陀とNIPPON」（荷蘭與日本）特展，內容極為豐富精彩；即使不談特展，它的常設展也很值得花時間細品。對於長崎這座國際城市的身世，可獲得全面性的了解，特別是當年荷蘭人的航線，是由巴達維亞（雅加達）、熱蘭遮（臺南）再北航至長崎，因而長崎市與臺南市，實有許多可互相觀摩與交流的可能，更不用說鄭芝龍父子兩代與這座城市的深厚脈絡。

和館內相連的，還有長崎奉行所立山役所的部分復原空間；當時的龍馬，可能做夢也沒想到，未來將會和在這座城市實現人生的創業，並成為長崎奉行積極追捕的對象吧。

熊本城

熊本縣 熊本市 中央區

熊本城，作為九州最熱門的觀光景點之一，相信許多旅客都曾到訪。

我猜想一般旅行團，大抵是從西側的「城彩苑」、「行幸坂」這一頭進入，比較少來到東側的「熊本城稻荷神社」（除非是自駕），所以多半錯過了。如果你曾來到神社，可能會注意到，馬路對面的小公園，有兩組銅像；一組五人的群像，其中就有坂本龍馬。有人心裡可能會想，「怎麼又是龍馬，熊本城和他又有什麼關係了？」其實這組銅像的主角，是熊本藩士──橫井小楠。

在他身旁的四位，一邊是大名：肥後熊本藩主細川護久、越前福井藩主松平慶永（春嶽）。這是兩位提拔、賞識他的恩主。另一邊，一坐一站，坐著的是勝海舟，站著是龍馬，兩人中間還有一個地球儀。他們和小楠，可說是「知識上的同志」，對於日本與世界，有著與當時的人們不同的寬廣思考。

龍馬初次遇見橫井小楠，是在去福井募資的時候，當時小楠擔任越前福井藩的改革顧問。後來，在「海龍」師徒來到九州時，海舟曾派龍馬，二度拜訪小楠，向他請教。說起來，龍馬也很幸運。他一路走來，常常遇見當代的有識之士，每一次都讓他看世界的門窗，更打開一些。當然這也必須是他自己的心胸與想法夠開闊，否則按照當下的志士思維，這些滿口海外知識的，都是必須「被攘夷」的同路人，因而斷絕了獲得知識與見識之路。

二〇一六年我去了熊本剛回來，就聽聞發生地震的消息，可說是幸運留下了熊本城尚未損毀的最後身影。二〇一八年再去，可以看到銅像的後面遠處，有巨大的吊臂，便是正在修復熊本城的天守了，現今已初步修復完成。

雖是題外話，另外一尊較大的單人銅像，對於熊本城歷史知悉的朋友，應該不陌生，就是在日後西鄉隆盛與新政府的西南戰爭中，堅守城池的守將——谷干城。他是土佐藩士（上士），和武市半平太交好，後來和龍馬也曾有過會面。

熊本市內，尚有橫井小楠的生誕地跡，他家中還有一口「清正公井」，這部分，就留給對戰國歷史有熱情的朋友去發掘了。

池田屋

京都府　京都市　中京區

那年有些悶熱的夏季七月中旬，與朋友相約去京都體驗祇園祭。祭典當下，京都的住宿自是不易安排，於是便借宿朋友在大阪的住居，搭阪急電鐵京都本線往返；電車一路可以搭到熱鬧的四条河原町，也便就地尋找適合的參觀角度。

說到「祇」園，多年來因為注音打字，聽人多發「只」音，包括自己也不例外。但聽「祇園」日語發音為「ぎおん」（gion），幾番查證，後來便改發「祈」音。這名稱來自佛教典故、佛陀傳法的祇園精舍；因原本八坂神社，在「神佛習合」時代，主祭牛頭天王，便是祇園精舍的守護神。至於祭典，則是發源自九世紀，祈求除疫消災的御靈會。正如臺灣許多宗教慶典，也有同樣的淨化身心的意義；作為日本三大祭之一，又是旅客們熟悉的京都，相信曾親臨現場體驗的旅人，應該很多吧。

祇園祭的前夜祭，或「山鉾行事」，又稱為「宵山」。其實前一天剛下飛機，就曾先來踏查；「山鉾行事」的前一天傍晚，宵山的氣氛熱烈，市內許多主要道路都改

為行人徒步區，隔天要巡行的山鉾已在路上就位，供人祈福、參觀，是難忘的旅行回憶。

回到一八六四年，日本的年號從「文久」改為「元治」，舊曆六月的宵山，卻是「血色的宵山」。長州藩的過激派志士，計畫在祇園祭前，風強之日，在京都御所放火、暗殺幕府高官，然後將孝明天皇「護送」到長州去，挾天子以令諸侯。負責京都治安的新選組，得知他們將在三条的池田屋聚會，於是傾隊而出，前往取締。我大略查了一下資料，雙方都是數十人的規模，是一場大混戰。其結果，新選組幾乎以大獲全勝收場，長州勢力受到重創。史稱「池田屋事件」或「池田屋騷動」。

現在每年的新曆七月十六日，亦即宵山之夜，新選組同好會仍會舉辦扮裝遊行。池田屋的舊址，就在熱鬧的河原町三条旁，後來開了「旅籠茶屋池田屋」，其實是海鮮居酒屋，相信很多人也都看過、經過，或入內用餐過。而且他隔壁的皇家花園飯店，也是不少臺灣旅人愛用的住宿。至於我，之前說過，比較偏向志士，對新選組沒特別好感，所以就堅決不去用餐（笑）。不過其實歷史旅行者，似乎不該有這樣的成見，如果有機會還是應該去體會一下。

此時的龍馬，已結束九州之行，仍以勝海舟的海軍塾「塾頭」身分，開始一些海上操舟的實習；池田屋事件，將帶給海龍師徒的衝擊，此刻他們仍無法預知。

五条樂園

京都府　京都市　下京區

都說京都高瀨川沿岸，最熱鬧的是位於三条、四条之間，至於曾經下行到五条以南的，或許也跟我一樣，是因偶然見到 efish 這家老屋咖啡館的介紹，受到吸引而好奇來訪。導演宋欣穎，在她的著作《京都寂寞》中，便曾有一篇寫到。efish 位於源義經與武藏坊弁慶相遇的五条大橋南側，「夾」在鴨川與高瀨川中間一塊小小的窄地，兩側都有水岸川景，因而聞名。

元治元年（一八六四）的舊曆四月，龍馬與海舟結束九州之行，到舊曆六月的池田屋事件，這段期間，有兩件事，或許是可以提到的。

其一是，龍馬和一眾海軍塾夥伴，與脫藩浪士，倘若來到京都，借宿處所的管家，是一位叫做「貞」的婦人。而這位貞的女兒，在附近七条新地的「旅館扇岩」工作，就是楢崎龍。推測龍馬就是在這時，認識了阿龍。

七条新地，是當時的花街，後來改名「五条樂園」。為何如此取名尚不清楚，但這區域的位置，的確是比較靠近五条。有一年，我在某次出差工作空檔的下午來到efish，然後一路沿著木屋町通往北走，沿途盡享老街風情。當時如果知道往南走一點，便是舊五条樂園區域，一定不會錯過。只得等開放，再回去走走。可惜 efish 已經永久停業了。

第二件事，則是因為海舟的船故障，龍馬與同伴們去下田救援。而在下田，他們談起了「蝦夷地開發計畫」。蝦夷地，就是今日的北海道。在當時，雖然介於幕府的「天領」與松前藩託管的狀態，但大多仍是化外之地。為了化解過激派志士們的憤怒與精力，他們認為，若能勸導志士們前往蝦夷地開拓，不僅可減少衝突的發生，更有機會獲得一片新天地。

龍馬和半平太在江戶時，曾協助親戚山本琢磨逃亡，這件事或許也帶給他一些經驗與靈感。很可惜，在他們討論這個提案當時，池田屋事件已經發生，不少志士犧牲。只是此刻的龍馬，尚未知曉。

去過函館的朋友應該都很熟悉金森倉庫群。箱館因為距離本州最近，算是蝦夷地的門戶（另外一個重要門戶則是小樽），當然彼時還沒有這些洋風建築，連作為防衛要塞的五稜郭，也要到兩年後（一八六六）才開始興建。比起札幌和小樽，函館顯得

京

很不熱鬧，但那份北國港町的冷冽氛圍，總令我想到曾住了一段時間的溫哥華。函館麵廚房的味彩塩拉麵，也相當懷念啊。龍馬並未去過蝦夷地，但這個地方，卻因而與他產生了某種連繫。

萩城

山口縣　萩市

為了前往吉田松陰和桂小五郎出身的「長州」，我搭乘新幹線，來到新山口。

長州，其實是個通稱。就好像人的「號」，常看大河劇的朋友應該知道，日本武家常以號稱人，以州稱國（藩）。長州包括了以前周防國、長門國的領土。我對戰國時代歷史沒有太多鑽研，但概念上，昔日長州毛利家，曾是西國霸主；尤其是毛利輝元時代，國土比幕末要大很多。但自從關原一戰成為敗方之後，領土大幅縮減，到了幕末，僅占本州最西端的一隅，已然稱不上強國了。但即使如此，長州依然有其獨特的條件：北通歐亞大陸，南瀕瀨戶內海，與九州更只是一水之隔，要獲得海外的資訊，並不困難。也因為這樣的地理位置，長州，也就是如今的山口縣，旅遊資源是豐富的。從東邊的岩國，西邊的下關，北邊的萩，皆有截然不同的風情。而長州的民風，一言以蔽之：始終視德川家為頭號仇敵。更何況，幕末長州的才俊——吉田松陰，又是被幕府下令處死，他所教出來的志士們，更是將「勤王倒幕」當作畢生職志。

長州藩的政治中心，在還沒遷到山口之前，有兩百多年期間，都在偏遠日本海側的「萩」，Hagi，中文讀音秋。一般也稱作「萩城」。

原本一直希望直接由下關搭電車、沿著山陰本線前往，同時可飽覽對馬海峽風景，但發現沒有直達快車，耗時較長。如果是悠閒時期，我並不介意花個一天，搭普通電車，慢慢「突」去。但時間有限，只能採取最快的方式。

那年因為正逢大河劇《花燃》上映，因此從南端的新山口驛到北端的萩，有特別直達巴士，約一小時車程。在日本旅行，常有這樣的經驗：由於這段路程等於是縱貫本州最西端，且需穿越山地，原本想像道路曲折難行，卻沒想到意外地平緩、一大段沿溪而行的路段，更充滿鄉間風情。

你到了萩城會發現，它其實是一個位於河口的島。在島上，特別是萩城「城下町」區域，為了保存景觀，某些街道甚至連電線杆、人孔蓋都沒有。白牆黑瓦，獨具風情。即使是在大河劇播映的當年，也沒有太多遊客。

我在巴士總站附近的青年旅館 Ruco，喝瓶山口萩啤酒，然後就漫步在城下町。想去的地方，幾乎都在步行一二十分鐘的範圍之內，非常悠閒。前面寫到的松下村塾、松陰神社，以及桂小五郎等長州名人的故居，都是步行前往。當年去的時候，還沒有著迷於「酒造之旅」的概念；如果以後再去，當然要從岩國的旭酒造（知名日本酒「獺祭」的生產商）開始，邊喝邊聽歷史，快意。

為何要在此時特別寫到長州，便因後來的事件，諸多與它相關。正是在目前感受如此悠閒的地方，幕末的煙硝與烽火，即將由此掀起……

不得不再提一下松陰。儘管我對他想偷渡赴美的「壯舉」，又或返鄉作育英才的職志，多半是正面的評價；但某次閱讀與往後日本軍事崛起有關的著作，作者寫到松陰曾提出「割北滿洲之地，南收臺灣、呂宋諸島嶼」之主張。從某個角度來看，在那鎖國的時代，松陰就能為日本的生存，提出這般發展藍圖，確實也展現了他有別於當時武士階級的學問與世界觀；而在日後，當出身長州的軍人掌握軍政大權時，似乎也遵循著松陰的遺教去拓展，因而一路走向侵略與戰爭之道。

這或許是當時的松陰未能意識到的，但我們閱讀歷史，卻不能不從更多元的角度來思考。

蛤御門

京都府　京都市　上京區

許多人去過東京的皇居，至少在二重橋前拍照，那也是早期旅行團必訪的行程。但去過「京都御所」的人可能就比較少。印象中，我至少去過兩次。一次是多年前，帶領「陰陽師主題團」，曾經申請進入「御所」參觀，體會平安時代，天皇居住的區域與格局，因為它們的名稱，好比說「紫宸殿」等，經常在小說與戲劇中出現（但由於發生過數次火災，已經不是平安時代原本的建築）。

第二次，沒有進入御所，而是到對民眾開放的「御苑」西側。要去憑弔的，是西大門，也被稱為「禁門」或「蛤御門」。

熟悉幕末史的朋友，聽到這名字必然「啊」般恍然，因為「禁門之變」，可說是發生在幕末京都，最大也最重要的事件。

事件發生在元治元年（一八六四）的舊曆七月，長州藩出兵進攻蛤御門。長州志士們是主張「尊王攘夷」的激進派，既然「尊王（皇）」，又怎會出兵攻擊天皇所在的御所呢?這事說來雖然話長，但司馬先生的《龍馬行》中也曾提到，長州人其實是一廂情願，認為天皇是支持他們的，一定都是圍繞在他身邊的奸臣與幕府蒙蔽了天子的判斷，所以長州勢力一而再、再而三地發起「挾天子」送往長州的行動。殊不知，此時的孝明天皇，早已對長州過激的行為非常反感。儘管桂小五郎、高杉晉作等看清時勢者主張慎重行事，但經過此前的池田屋事件，已經壓不住激進派的怒火。

在此次出兵京都的戰鬥中，因為攻守雙方都使用火砲，而周圍幾乎都是木造建築，風助火勢，從一条燒到七条;有種說法，是京都三分之一都陷入火海。都說京都古色古香，但其實歷次大火，不知燒掉了多少建築與街區，想到就覺得無比惋惜。長州此役戰亡四百多人，且與主要負責防守的會津、薩摩等藩，結下深仇大恨。一直要到後來，龍馬居中穿梭協調，才促成薩、長的合作，此為後話。

今日來到蛤御門，門正對的是花園皇宮飯店，以及護王神社。由於屬於開放的區域，不時有民眾騎單車或跑步進出，一派祥和景象。

戲劇中的禁門之變，多半是搭景拍攝，只有來到現場，才知道門有多高。比印象中大得多。

或許只有門上的彈孔，還見證著當年的激戰。

在「禁門之變」中，還有一個人物，也算是重返、並正式登上歷史舞臺，就是指揮薩摩藩兵，瓦解長州攻擊的西鄉隆盛。

為什麼說是「重返」，因為他早年獲得島津齊彬賞識並拔擢，但因齊彬驟逝，西鄉的個性與作風，不見容於後來的薩摩實質統治者——島津久光，還曾被流放外島兩次。直到這年（一八六四）舊曆二月，才剛從外島回來。在此之前，西鄉雖然沒有實際的軍事指揮經驗，但他畢竟是薩摩諸士們的精神領袖，不僅高頭大馬，也富人格魅力，同時受過齊彬的教導，對世界並非沒有見識。禁門之變，他臨危受命，雖然受到輕微槍傷，仍指揮若定，從此一戰成名（但同時也被長州人視為眼中釘）。三年多之後的戊辰戰爭，西鄉已然成為倒幕勢力（新政府軍）的最高軍事指揮官，維新後官拜大將，相當於元帥職。

雖是後話，但也可看出，在那個「激動的幕末」時期，一些有能之士，是如何在短時間內，躍上歷史舞臺，甚至掌控一國政事。雖然從結果來看，未必完全都是好的結局。

坂本龍馬 お龍「結婚式場」跡

結婚式場

京都府　京都市　東山區

過去二十年在旅遊業的工作經驗，常有些偶然的邂逅時刻。許多旅程前往的地點、下榻的旅宿，或許並非自己旅行時主動的選擇，但卻因執行領隊或考察任務，而在行程中巧遇；當然也有賴於閱讀的累積，否則「無緣對面不相識」亦是枉然。對於這些浮光掠影、點點滴滴，回想起來，竟覺滿心感激。

元治元年（一八六四）舊曆七月的那當下，幕末局勢呈現出一種近乎失控的狀態，長州的桂小五郎，也被迫展開一段「消失」隱居的生涯。還因為司馬遼太郎小說的篇名，被稱為「落跑小五郎」。但說真的，在那樣的亂局中，若非他懂得落跑，也不可能活到後來，收拾殘局，甚至成為「維新三傑」之一。

當時的龍馬，所幸仍有勝海舟的海軍塾這樣一個棲身地與庇護所，得以在安全的距離外，旁觀這一切；甚至在這亂局中，還有了一點私人的小確幸——那就是在這年的舊曆八月一日，他和阿龍（楢崎龍），舉行了「內祝言」，亦即沒有外人參加的結婚式。見證的是，金藏寺的住持智息院。

關於龍馬與阿龍何時完婚，一直以來有很多種說法。以前的印象，始終是在阿龍去了寺田屋、或日後兩人前往鹿兒島之時。目前我採信的，是根據京都龍馬會赤尾理事長的考證，以及阿龍晚年的口述回憶，赤尾理事長甚至替他們的「結婚式場」立了一塊石碑。

原本我尚未有空檔特別去尋找，但某一年，因為去京都擔任VIP團的特別解說員，住在東山的山腳邊，歷史悠久的「都」飯店（目前是威斯汀集團營運的The Westin Miyako Kyoto），晚上陪著主管和貴客，散步到三条白川、東山地鐵站附近宵夜。

以往在京都活動的範圍，多半集中在鴨川西岸，特別是木屋町通一帶，較少過來鴨川另一條支流，也就是「白川」這一頭。但那次的住宿經驗，才發現白川的美，甚至有文章說，白川南通，是京都最美的一條小路。總之那晚酒足飯飽，走回飯店的路上，微醺的眼角，竟瞥見龍馬與阿龍的「結婚式場跡」，就在路旁等著我。

緣分，一切都是緣分。

白川上接琵琶湖疏水，近年京都市美術館由「京瓷」冠名整修完畢開放，又有岡崎公園和動物園，以及無鄰菴和新的奢華旅宿開設，可謂是對應嵯峨嵐山的另一精華地域，若有機會往這方向，別忘也試著尋找這方小小的「結婚式場跡」石碑。

城下町長府

山口縣 下關市 長府川端

一八六四到一八六五年這段期間，龍馬虛歲三十一。整個日本的局勢，可說是圍繞在「長州」這個關鍵字上。

雖然這期間發生的事件，多半與龍馬沒有直接的關係，但我當時讀著走著，就發現若要將他的人生串起，就沒有辦法單獨跳過長州。簡單地說，長州以一藩之力，挑動整個幕末局勢，「拳打南山猛虎、腳踢北海蛟龍」，不僅發起禁門之變，又兩度單挑幕府派的聯軍，還招致英法荷美四國聯合艦隊砲襲，再加上藩內「正義派」、「俗論派」內鬥，最終還折騰死了一名將軍，一位天皇……每次讀到這段，都不禁苦笑，覺得此藩，還真的很會生事啊。

有人或許認為，那就是偏遠的外國小縣（藩）之一段歷史，讓有興趣的人去研究，與大多數人應該無關。但其實，若用大歷史的眼光，往前看，可以說是戰國時代毛利家對德川家的復仇；往後看，長州派閥的作風與影響，一直延續到二次世界大戰，甚至戰後日本的政局。

而回到龍馬個人來說，他後來穿梭於薩摩、長州之間，努力促成「薩長同盟」，是被歷史記載的功績之一；但若是沒有長州之前這一番「放飛自我」，徹底認清自身與局勢，或許龍馬也無法扮演這個歷史角色吧。開頭說的「深」，其實就反應在這些複雜的因果關係上。當然，龍馬的「心」與行動力，也將是後來成就功業的關鍵。

正是因為抱持著這般「邊走邊讀」的心情，除了之前造訪過「萩」，我又從下關驛，買了一日 FREE 乘車券，搭上前往「長門」的巴士，要到「城下町長府」這一站。原本目標是毛利家墓所、長府毛利邸、功山寺，又發現下關市立歷史博物館也在此；而且從下車處、走向目的地這段路，旁邊的「壇具川」，更是一條有著鴨子與錦鯉的優美水道，都令這些探訪的路上，處處有著意外的美景。

一八六四

高杉晉作

山口縣 下關市 長府川端

起心動念前往「城下町長府」，真正目的地其實是功山寺。因為這個史跡，與一人有關，那就是長州的奇男子——高杉晉作。

高杉曾出現在許多部大河劇中，相信對於幕末題材有興趣的朋友，應該不陌生。甚至在《神劍闖江湖最終章：The Beginning》，都曾出現他的身影。龍馬剛脫藩來到下關，曾受到一位「俠商」白石正一郎資助。就在白石的宅邸同一處，還有另一塊石碑，「高杉晉作奇兵隊結成之地」。在幕末的亂局中，原本的武士階級，兩三百年沒打過仗，許多早已徒具頭銜；反倒是自行習武的農民或百姓，若給予機會，則戰鬥力旺盛。新選組是如此，奇兵隊亦是如此。這也符合吉田松陰「草莽崛起」的志向與預言。

高杉自己是世襲武士階級，但曾學習海事、去過清國上海，甚至「見習」太平天國戰役，也是見過世面的人。因此思想不守舊，常有驚人之舉。高杉晉作號「東行」，諱「春風」，自稱「東洋一狂生」；戲劇形象上，常常是彈唱著三味線，頗有搖滾歌手的風格，相當率性、飄撇。

在功山寺，除了有他騎馬英姿的銅像，還有一座大石碑，「高杉晉作回天義舉之所」。他在功山寺舉兵，主要是剷除藩內的俗論派（保守派），統一了長州藩的路線。當時的晉作，不過虛歲二十七。

回程巴士上，途經關門大橋前「壇之浦」的御裳川公園，這裡是古代「源平之戰」最後決戰的古戰場，原本就立有源義經、平知盛、安德天皇等銅像，而幾乎在同一地點，又可以見到一整排當年的八十斤加農砲複製品，展示在海邊。至於當年在西洋四國砲擊下關的戰役中真正使用的長州砲，根據記載共有五十四門，被英、法、荷、美四國聯軍繳獲，各自帶回當作戰利品，最有名的是在巴黎榮軍院。直到近年，日本向法國「借展」，將一門大砲，帶回長府博物館展示，這座博物館，就位於功山寺旁。

二度脫藩

福岡縣 太宰府市

福岡附近的太宰府天滿宮，相信早已是遊客非常熟悉的景點，隨手搜尋網上資料，各類必吃、必買、必訪的咖啡館文章非常多；而人們也對於祭祀的主神「菅公」——菅原道真這位「學問之神」的背景亦多有了解，庭園內的心字池、菖蒲池、太鼓橋，以及被摸得發亮的御神牛亦是熱門拍照場景，卻不知有多少人認真注意到一尊「五卿遺蹟」的石碑？

從元治元年（一八六四）舊曆十月，到慶應元年（一八六五）閏五月，大約九個月時間，許多先前寫到的人事物，因長州藩而起的事件，餘波盪漾。其中對龍馬最大的影響，是由於有土佐浪士，參與了長州的事變，導致勝海舟被免去「軍艦奉行」的職務，甚至連神戶海軍操練所最終都被幕府下令關閉。但龍馬也在這段時期，認識了薩摩藩的西鄉吉之助（隆盛）、大久保一藏（利通）、小松帶刀等人。

龍馬此時的身分，已是二度脫藩。他在初次脫藩時，原本就想去薩摩，卻不得其門而入；到了此時，他卻以賓客身分，正式應邀前往薩摩，並且參訪了西鄉隆盛的家，以及小松帶刀的宅邸。小說中曾寫到，龍馬來到西鄉家，發現非常簡陋，下雨還會漏水，驚嘆於這麼一個薩摩重臣、當時已經身繫天下局勢的人，竟然如此簡樸，對於西鄉的人格，多了幾分景仰。

不過真正對龍馬有實質協助意義的，則是他和小松帶刀的交往與友情。畢竟，小松的身分，在當時等於是薩摩的宰相，是真正可以影響藩主與「國父」的人。

龍馬在回程中，除了路過熊本，再訪橫井小楠，還到了太宰府，去探訪因與長州「勾結」，被逐出京都的「五卿」，也就是五位公家貴族（原本在長州功山寺還有七卿，但後來剩五位）。五卿中的三条實美，維新後當到太政大臣、內閣總理大臣等，封正一位公爵。

重點是，原本一介浪士的龍馬，此時已可以和這些左右世事的人物，平起論交了。除了他此時擁有的航海知識，並掌握一群熟悉海事的夥伴之外，自己也開始累積並產生出對天下大勢的觀點。這些，可以說都是勝海舟給他的最大資產，也是一個創業者的條件：專業知識與團隊。

回頭翻閱二〇一三年的相片夾，其實前述旅客該做的、該拍的，該造訪的咖啡館，我一樣也沒少做，但還是順手拍下了數張「五卿遺蹟」石碑的相片，只因在心中始終有著這條幕末歷史的軸線存在。

武市半平太之死

高知縣　高知市　帶屋町

記得當年看大河劇《龍馬傳》，到第二季的後半，總有種停滯的感受。龍馬的生涯也好、戲劇的節奏也好，彷彿到那個時間點，原本許多「支線」都遇到阻礙；直到第三季開頭，龍馬到了長崎，才整個「活」起來。

就在龍馬追隨著海舟學習航海技能、結交諸藩名士時，在他的故鄉高知，被整肅失勢、已監禁了二十個月的武市半平太，卻面臨了定罪切腹的命運。同時如岡田以藏等「共犯」，也都被處死。

武市的死非常有戲劇性。一來他當時已稱得上是「天下名士」，似乎不能將他草率地當成一般下士來處理，而在許多戲劇的演繹中，更將老藩公山內容堂對他又愛又恨的情結與矛盾，有過許多模擬；例如在《龍馬傳》中，醉醺醺的容堂衝到牢獄中與武市對話，留下一句「武市半平太是我的家臣」，無論史實是否如此，都將二人的愛恨關係做了一種詮釋。

更知名的則是，武市被待以上士之禮，允許他切腹，而他為了明志，以表自己一片丹心，選擇了最困難的「三文字割腹」，以及Z字型的刀法，這麼做必須忍受極大的痛苦，更需要堅強的意志力。但無論如何美化與讚頌，一代才子武市半平太，終究還是喪失了性命，享年虛歲三十七。

在高知市熱鬧的帶屋町，如今四國銀行的轉角處，立著「武市瑞山先生殉節之地」（瑞山是他的號），距離被他下令暗殺的吉田東洋殉難之地，步行不到五分鐘，彷彿是一種因果的對照。而在我曾經去過、位於郊外的武市半平太舊宅中，亦有他的墓，以及一座小小的瑞山神社。直到明治維新之後，武市才被「名譽回覆」，同時與龍馬等同鄉志士，都被追贈「正四位」，在舊宅甚至有一方石碑，刻著「日本精神復興喚起之處」，但那都是後話了。

《龍馬傳》第二季，便是在這般，希望與絕望並存的氛圍中，告一段落。

薩摩群像

鹿兒島縣　鹿兒島市　中央町

如果你曾經搭乘九州新幹線，前往鹿兒島，或許也曾注意到，走出鹿兒島中央驛，車站前一組高聳的銅雕群像。作為一個歷史旅行者與銅像控，凡是看到這類東西，必然要上前看個仔細。許多細節與樂趣，往往就在這幾分鐘。走向銅像時，我會先猜測上面的人物。有些人物特徵很明顯，很好辨認（例如龍馬）；而這組群像，我原先猜測應該是「維新群傑」，但並沒有看到熟悉的西鄉或大久保，一胖一瘦之體型，直到走到底座前，看到上面的文字「年輕薩摩之群像」。

原來，這是「薩摩藩遣英使節團」的十九名成員，包括十五名留學生，以及四名官員、通譯。因為前述的「薩英戰爭」，雙方不打不相識，薩摩也體認到（或者應該說，找回島津齊彬的初衷），己方實力根本還不足以「攘夷」，而是更應該「師夷」；而當法國積極拉攏幕府，英國也想扶植薩摩等藩，作為制衡的勢力。雙方一拍即合，催生了此次的使節團／留學團；當然，英國商人哥拉巴也扮演了重要的推手。

使節團在一八六五年舊曆三月出航，約莫是龍馬在長崎籌辦「社中」的三個月前。這批官員與留學生的年齡，從虛歲十四到三十二，其中包括了二十九歲的五代才助（友厚）。前面也寫過，五代曾被派往長崎海軍傳習所學習，還曾在薩英戰爭中被俘虜，甚至被視為叛徒；然而當時畢竟人才難得，後來回歸本藩，又被派往英國，逐漸嶄露頭角。

五代友厚，早在司馬先生的《龍馬行》小說中便出現過；但原本在臺灣觀眾的心目中並沒有什麼存在感。直到二〇一五年NHK的晨間劇《阿淺來了》，藤岡靛扮演的五代，讓部份觀眾留下深刻印象。附帶一提，在《直衝青天》大河劇，藤岡再度扮演同一角色；另外就是已故的三浦春馬，最後擔任第一主角的電影《天外者》，亦是五代友厚生平的故事。

在這組群像中，另一位在後來的明治時代發揮所長的，則是森有禮。根據記載，他不僅曾在倫敦與同樣「密航」留學的長州五傑交好（其中包括日後縱橫政界的伊藤博文以及井上馨），更遊歷俄羅斯，最後前往美國。森是基督徒，後來更以外交官身分出使美國，在《武士的女兒：少女們的明治維新之旅》書中也曾被提及，協助照顧赴美女留學生們。他熱心於教育，甚至提倡以英語為國語，日後被過激的民粹主義者

一八六五

刺殺，享年僅四十一歲。

不知為何，我對於這些胸懷世界，卻被自己同胞所厭棄的歷史人物，總抱持著一份遺憾與同情。這些當時的歷史人物，在各自人生的平行線上前進，直到交集的時刻；而此時正逢美國南北戰爭結束，許多武器都流入日本，武裝了各雄藩，為幕末即將來到的衝突，更增添了幾分火藥味。

風頭公園

長崎縣　長崎市　伊良林

司馬先生的《龍馬行》中有這麼一段話：

當船駛入長崎港，龍馬抑制住內心的波濤，對陸奥陽之助道：

「長崎是我希望之所在。」

「用不了多久，這裡就會成為日本扭轉乾坤的立腳之處。」

後段原文是「日本回天の足場」，這個「回天」，是當時人們常用的語彙，想來是出自「回天乏術」的典故；總之就是志士們，在當時的亂局中，總想著扭轉時勢的志向。小說中的這段文字，被刻在石碑上，與一座龍馬銅像，安置在長崎市區東側，一座小山上的「風頭公園」。

要前往風頭公園，虔誠一點的，可以從深崇寺旁的「龍馬通」拾級而上，要爬不少階梯。我去了兩次，覺得比較好的方式，還是先搭巴士或計程車，直接上到「風頭山」或風頭公園，再往下走，相對省力。

慶應元年（一八六五）閏五月，就在神戶海軍操練所被廢止、武市半平太切腹的絕望氣氛中，龍馬開始有了推動「薩長同盟」的想法。並且和一眾海軍塾的夥伴，在薩摩藩，以及長崎的豪商資助之下，籌設「社中」（商社）。

最好的地點，當然就是長崎。這個充滿異國情調、海商聚集的城市，龍馬曾跟著勝海舟來訪，並停留一段時間，對它已不陌生。而且龍馬顯然很喜歡這座港町。由於後來的「社中」，就設在風頭町旁的龜山山坡上，後人把銅像和文字碑立在山頂的風頭公園，也是合情合理。風頭公園，展望良好。可以遠眺長崎港，進出港灣的船隻，都在視野之中。

附帶一提的，風頭公園旁，還有一座「上野彥馬」的墓，以及彰顯碑。這位彥馬，被稱為「日本寫真之父」，當年在長崎開設第一家西洋式照相館。坂本龍馬最有名的相片，便是在他的相館留影。當然還有許多志士與官員的相片，也都出自彥馬。

從這裡開始新天、新地、新階段，再適合不過。

龜山社中

長崎縣 長崎市 伊良林

龍馬來到長崎，在薩摩藩、以及長崎豪商的支持下，成立了「社中」。

後世很多人直接說，他成立了「龜山社中」，但根據考證，當時並沒有這個說法，而是單純稱為「社中」。後人因為此商社位於龜山，才賦予了這個名稱。這個「社中」，主要的任務是在外商（主要是英國）以及薩摩藩之間，進行海上貿易。因此有些人會說，龍馬事實上成立了日本第一家國際貿易商社。先不管這個「第一家」是否準確，但從我後來的角度來看，龍馬作為一個創業者，說服「風險投資」的能力還是相當強的。或許和他出身自土佐高知的富商和武士家的背景有關，這樣的背景與資質，是當時的志士們非常缺乏的。

如果你到了風頭公園，就可以看到往「龍馬通」以及「龜山社中」的指標。沿途都有許多當時的「社員」標示，為你做導引。

在社中的位址，有兩個主要可看的空間，一是「長崎市龜山社中紀念館」，保存著重修過的空間，也展示著龍馬當年衣裝的複製品；旁邊不遠，還有「龜山社中資料展示場」，因為紀念館的空間有限，無法做太多陳列，所以一些相關的相片與手跡，便另外在此展示。

儘管展示的，多半是複製品，但對於龍馬粉來說，依然有滿足感。

很多人來到這裡，相信都有同樣好奇：為什麼要把商社，設在距港口還有一大段路程，且位於半山腰的老屋呢？我曾讀過一個說法，就是因為龍馬這群浪士，當時都還是幕府追緝的對象。設在這裡，一方面觀察港口船隻進出方便，另一方面，幕吏們若要來追查，相對也不容易，且居高臨下，易於瞭望與逃脫。

龜山社中還有個知名的打卡點，便是「龍馬的靴子」。這是位於社外的一個裝置藝術，訪客可以套進靴子、掌起舵輪，遠望港口，彷彿感受到龍馬之志。

二〇〇九年，我第一次進行龍馬之旅時，便是以此為終點。走完一趟行程，彷彿也跟著完成了一場革命，是當時深刻的感觸。

長崎燈會

大浦慶

長崎縣 長崎市 油屋町

龍馬在長崎籌備開展「社中」業務的期間，認識了一些當地的豪商。其中較有名，且在大河劇中也出現過的，就是小曾根乾堂，以及大浦慶。

就史實來看，真正資助龍馬成立商社的，主要是小曾根乾堂。據說連社中的房舍，也是他去跟「龜山燒」工廠協商來的。今日的龜山社中紀念館附近，也可見到龜山燒的史跡。

但就戲劇效果來說，女中豪傑大浦慶，似乎更令人印象深刻。大浦慶，是日本茶輸出的先驅者。作為油商的女兒，或許有著商人敏銳的直覺，將原產自佐賀的「嬉野茶」，透過荷蘭商人，介紹給英、美、阿拉伯市場，獲得了大量的訂單與利潤，也令她成為「長崎三女傑」之一。在《龍馬傳》中有這麼一段情節，當小曾根還在猶豫，要不要借錢給龍馬去做長崎蛋糕，大浦慶偷偷給了龍馬五兩。並且說，那不是借金，而是投資。

大浦慶的故居，在長崎「思案橋」附近，是充滿庶民感的熱鬧街町。和觀光通、濱町、中華街……連成一片，以前我也沒去過，卻是為了尋訪史跡，才發現這麼有意思的區域。

大浦慶故居的旁邊，甚至還有「孫文先生故緣之地」。同一條街上的老餐廳「鶴茶」（ツル茶ん），招牌料理是「長崎洋食土耳其飯」，展現了這座港町的國際色彩。好吃還是其次，但似乎至少「必吃」一次。

與之相比，小曾根乾堂的故居，位於現今的長崎地方法務局（法院）旁，相對是個較無趣的街區。

但無論如何，連這些富商、豪商的故居，都有石柱與標示，不得不再感嘆一次，作為歷史旅行者，在日本真是可以有無窮的發現。

哥拉巴園

長崎縣　長崎市　南山手町

龍馬的「社中」，既然要做海上貿易，除了富商的資助以外，當然要有貨源，亦即做生意的對象。這時，就是「哥拉巴」登場的時候了。

Thomas Blake Glover，按照臺灣的慣例，應該翻成「湯瑪士・B・葛洛佛」，但由於日文發音グラバー（guraba），後來都被翻作「哥拉巴」；包括他的故居，日方正式譯名都是「哥拉巴園」，從善如流，那就哥拉巴吧。以往的習慣，都說哥拉巴是「英國商人」，但他實際出身自蘇格蘭亞伯丁的弗雷澤堡（Fraserburgh），原本就是港町之子。哥拉巴出道很早，二十一歲就來到上海加入怡和洋行，隨即聽聞長崎開港的消息，又一馬當先來到長崎，開設自己的商會（洋行），作為代理。我一向非常佩服，這般具有商業嗅覺、與冒險精神的人，可惜年輕時不是這塊料（苦笑）。

當龍馬來到長崎時（一八六五），哥拉巴早已在此立足五年多，從生絲和茶葉開始，後來又正好遇上了幕末的波瀾，幕府與各藩，無不想私下整軍經武；他賣船、賣

砲、賣槍，當真是形勢大好。光是看他建在「南山手居留地」山頂、眺望極好的宅邸，就知道當時哥拉巴在長崎的財富與地位。如今的哥拉巴園，屬於「明治工業革命遺蹟」的一部分，名列世界文化遺產，更是造訪長崎的旅行團，必遊之景點。

有一次去，正好遇到歌詩達郵輪入港，停泊的位置，就在山下，大浦海岸通的「松枝國際港」。雖然已經填過海，但基本仍是一百多年前的港口位置，可見哥拉巴宅邸位置之優越。

哥拉巴本身形成了一種文化現象或象徵。園內有一座「三浦環」的銅像，是曾經唱紅《蝴蝶夫人》的聲樂家，似乎把劇情與歷史虛幻地結合，但其實與哥拉巴本人並無直接關係。附帶一提，哥拉巴的夫人，是五代友厚介紹的。

哥拉巴園中，還有一座「自由亭」咖啡館，相信很多人來此，不會錯過品嚐招牌的「荷蘭冷萃咖啡」。

花月

花月

長崎縣　長崎市　丸山町

看過《龍馬傳》大河劇的人，應該還記得，龍馬在長崎的許多生意與密談之場景，常常發生在花街的料亭或伎館；與蒼井優飾演的舞伎阿元，也是在這樣的場合相遇。商人與水手匯集的港町，花街的存在無可或缺，且因為其隱密性，各藩的志士，也多半在伎館中密會。丸山，便是長崎知名的花街，到幕末時期，已有近三百年的歷史。

阿元這位女性，始終令我感到些許困惑，因為在早期閱讀的正史中，似乎未曾特別提及，可以說是從當年參與者的片段回憶中，偶爾出現的一個名字，據稱是來自長崎半島東岸茂木村的漁家女；或許正因如此，使得後人與編劇有了更多的發揮空間，事實上，我認為她反而是在大河劇中，塑造最成功的女性角色。

若是單純描寫為與龍馬有曖昧之情的藝伎，似乎便流於俗套，因而她被賦予了幕府密探，以及基督宗教信徒的隱藏身分，內心渴求一個能夠自由選擇信仰的世界，這就使得阿元整個角色立體起來，甚至成為長崎這整座城市的性格縮影。畢竟，九州南部自古便是來自西洋的傳教士上陸之地，在長崎更發生過「二十六聖人」殉教、島原天草之亂等教案，無論舞伎阿元是否真如劇中描述的是位教徒，都能尋得歷史脈絡，也成為戲劇後段最催淚的元素之一。

如今來到丸山町，公園中有一座龍馬銅像，據查是二〇〇九年才立的。旁邊有塊解說牌，說龍馬有「三種之神器」，就是懷錶、手槍、靴子（準確地說，切爾西靴）。這三種都是舶來品、洋玩意，幕末時期的武士，同時擁有這三項的，大概也只有龍馬了。

還有一家「史跡料亭花月」，號稱保存著當年龍馬密會的場景與氛圍，我一直嚮往。但之前去，同樣礙於行程匆匆，未能事先預約，錯過體驗的機會。只能當個「門外漢」，在門口與庭院，拍幾張相片留念。不過根據料亭前的說明牌，其實原本的建築，在明治年間，燬於火災。如今的建物，是「引田屋」的一部分。但這引田屋，原也是幕末當時知名的聚會所。

「若再去長崎，別忘了事先預約花月」，是我在心底默默給自己的提醒。

一八六六

薩長同盟

京都府 京都市 上京區

我在京都，搭乘地鐵烏丸線來到「鞍馬口」。這個車站的名稱，常令人誤解為是要往洛北鞍馬山的起點，但其實單純是因位於鞍馬口通這條街道上，由於位居市區北側，並非觀光客聚集之處，且烏丸線經過市內幾所大學，原是眾多學生使用的交通工具，反而有種「這才是京都的日常」之感受。

來此是為了造訪一家名為「Prangipani」的咖啡館。京都的特色與知名咖啡館何其多，許多名店原也是旅人們拍照打卡必訪的景點，但這家並非如此，反而有種「社區型」的寧靜，我點了一杯店家特調，翻閱起帶來的雜誌，以及店內提供的說明資料。

龜山社中成立初期，並非一帆風順。光是買船，就花了不少協商時間。但還好社裡的夥伴，例如龍馬同鄉饅頭店的近藤長次郎、陸奧陽之助（宗光）等，負擔起了一部分事務。而龍馬在這段時期，正與中岡慎太郎，奔走於促成「薩長同盟」。

由於「禁門之變」，西鄉隆盛率兵抗擊長州的攻擊，彼此結下深仇大恨。但中岡和龍馬認為，薩、長皆是軍事強藩，必須放下成見，聯手對抗幕府，才有改變的希望。

自從龍馬成為「海上男兒」之後，行動效率大大加速。以前陸路要走十天半個月，現在幾天就能抵達，因此在這段期間，他來回於京阪、長州與長崎，這樣的行動力，是當時其他的志士無法匹敵的。同樣地，擁有洋船的薩、長，使關鍵人物可以快速移動，這也是兩藩能稱霸幕末的致勝因素。

「薩長同盟」究竟是在哪簽訂？因為這是一場密約，且協商過程漫長曲折，因西鄉舉棋不定而反覆數次，以往也眾說紛紜，只能從當時參與者的文書中，去尋找各種線索。直到二〇一六年五月，鍥而不捨的學者，終於從古老的京都地籍資料中，梳理出「御花畑」這個地名，原是在近衛家別邸，同時也是小松帶刀在京都的寓居處，如今在地圖上，可以找到「近衛家別邸御花畑御屋敷跡（小松帶刀寓居跡・薩長同盟所縁之地）」的地標。

這個位置正是現今「Prangipani」咖啡館所在地。如今店門口，便矗立著史跡石碑，對於店家而言，或也帶來些許如我一般執著的歷史愛好者，多了一些客人。

薩長同盟，是在慶應二年（一八六六）舊曆一月簽訂。從此，龍馬的命運，又要快速轉動起來了。

寺田屋遭難

京都府　京都市　伏見區

西鄉隆盛、桂小五郎，分別代表薩摩和長州，在京都的小松帶刀寓居處，簽訂了「薩長同盟」（盟約），而促成此事的龍馬則是見證人。

當時的京都，在新選組、見迴組，以及幕府的奉行所的管制下，可謂風聲鶴唳、人人自危。桂和龍馬，更是被盯梢的敏感人物。在薩長同盟簽訂的隔天，便發生了「寺田屋遭難」。之前我們寫過寺田屋，那是距此四年前，薩摩藩內部「鎮撫」的行動，一般稱為「寺田屋事件」。

儘管曾發生過那樣的事件，但因寺田屋的位置，畢竟位於入京的門戶，後來薩摩藩還是給予照顧。龍馬也將此當成在京都的家，還將妻子阿龍，託付在此打工幫忙。

慶應二年（一八六六）舊曆一月二十三日傍晚，龍馬才從京都回到伏見的寺田屋。同行的，有長州藩派出的護衛，三吉慎藏。到了深夜（根據記載是三點），忙完的阿龍正在一樓入浴，聽見窗外有人聲，顧不得穿衣服，便跑上樓向龍馬示警——至少一

史蹟

般的小說、漫畫、戲劇，都是這樣演的（笑）。來襲的是伏見奉行所的捕快。三吉使傳統的長槍，而龍馬初時欲拔刀，但因左右手大拇指均被砍傷，後來用高杉晉作送給他的手槍應戰，勉強擋住攻勢。兩人後來破窗、從屋頂脫逃，一直跑到往北運河畔的一家木材行，才得以躲藏。而阿龍（還有一說是三吉），則死命奔跑到當地的薩摩藩邸求援，薩摩派出全副武裝的兵隊，前往尋找、並護送龍馬進入藩邸，同時拒絕奉行所的引渡要求。

每次我讀到這裡，總不禁要拍大腿：雄藩就是雄藩！藩邸等於是大使館，算是薩摩的領地，就算是幕府麾下的奉行所，也不敢強行闖入抓人。

這一次，龍馬九死一生。拇指差點被砍斷，還失血過多，幸虧西鄉隆盛派出軍醫，悉心救治。事發當地的寺田屋，當然也就成為歷史旅行者朝聖之地，連隔壁的街道，都取名為龍馬通。甚至室內的浴桶、彈痕……都煞有介事地標示出來，令人彷彿身歷其境。

不過，我看過學者的考證，說目前這座寺田屋，已非原本的建築。但對於粉絲而言，其實一點也不在意，能夠「觸景生情」，想像當年的情節，才是重點啊。

寺田屋的女將「登勢」，因為在幕末庇佑過諸多志士，後來被奉為「登勢明神」，在庭院中還有座小小的神社。

附帶一提，在這晚拚死守護龍馬的三吉慎藏，回到長州之後，受到藩主褒獎、賜刀、加封。可見當時長州對於龍馬的重視與感激。三吉一直活到明治三十四年（一九〇一），龍馬被襲擊當晚的過程，也都是採用他的回憶。他的墓，就在下關功山寺旁，毛利家的墓園中。

第四部

時代的門扉

一八六六——一八六七

エイブル

薩摩養傷

鹿兒島縣　鹿兒島市　天保山町

龍馬在「寺田屋遭難」之後，留在伏見的薩摩藩邸，治療並休養了一個多月，阿龍悉心照料，兩人的感情與羈絆，也越發深厚。但由於傷勢過重，依然需要恢復期，因而在西鄉隆盛與小松帶刀的盛情邀請下，帶著阿龍，乘船前往薩摩，進行了一趟療癒的旅程。這就是傳說中的「新婚旅行」。

正因為這段經歷，以往都認為他們成婚的時間，應在去薩摩的前後。但正如前述，根據考證，其實此前就在京都舉行過私人婚禮，只是兩人之後聚少離多，因此要說是真正意義上的「蜜月旅行」，似乎也可以成立。

鹿兒島自己雖然擁有許多幕末維新的志士與「元勳」，但對於龍馬這次來訪，顯然還是很友善並重視的。如今光是在鹿兒島市區，就有至少兩組銅像，一組位於甲突川河口、靠近海邊的天保山公園旁，據說是當初兩人抵達鹿兒島的下船處，設立了一組「新婚之旅碑」，說明牌上，也詳細寫著事件的來龍去脈；而公園中，尚有一處「薩英戰爭砲臺跡」，顯見確是當時的海岸線。

另外一組「坂本龍馬與妻子蜜月旅行」銅像，則是在百貨公司、藥妝店與遊客聚集的天文館區域之路口，屬於市區內一系列歷史名人「時標」之一。或許有人會覺得日本各城市，幾乎無所不用其極地消費或推廣與其相關的歷史人物，似嫌多了些，但我還是欣賞這樣的做法，總覺得無論如何，或許會挑起某些人對於歷史的興趣與緣分。

當年的我，豈非也是被這些紀念碑上的人名所吸引，才走上了歷史旅行的不歸路？而為銅像拍照時，意識到那正是很多旅行團的集合點，有不少觀光客來來去去或等候，不知又有多少旅客會注意到？

龍馬此前來鹿兒島時，曾拜訪過西鄉簡陋的家，這次帶著阿龍，住宿不能太隨便，便在小松帶刀那位於山坡、可以看到櫻島與海的宅邸，住了幾天；後來在小松的建議下，前往霧島溫泉，繼續療傷。小松帶刀之所以會提供這個建議，是因為他自己也帶太太去過，所以有人說，其實小松，才是真正「日本最初的蜜月旅行」實行者。

我為了想知道當時龍馬所看見的風景，開車來到距離市區約十分鐘車程的「小松帶刀原良別邸跡」，雖是有人的住宅，無法擅自進入參觀，且如今山坡上已建滿房舍，視野稍微受限，但仍不失為一處可眺望櫻島的風雅庭院住居。

霧島溫泉

鹿兒島縣　霧島市　牧園町

龍馬和阿龍在鹿兒島住了幾天後，因為小松帶刀的建議，前往霧島溫泉，進行了一趟身心療癒之旅。

霧島雖然有個島字，但其實是一座火山。我猜想古人由於看到在煙霧中的山峰，彷彿島嶼，故名之為霧島。而「霧島溫泉」是個區域統稱，如果你直接前往當地，或許會錯過龍馬真正去的地方，一是「塩浸溫泉」，二是「硫磺谷溫泉」。

從鹿兒島中央驛，自駕往山區大約一小時車程，就可以抵達塩浸溫泉。正因為當地人都說，此溫泉的泉質有助於治癒刀傷，因而龍馬來此一住就是二十天。想想二十天都在泡溫泉，那是何等愜意。難怪鹿兒島的銅像說明文寫道，「在此的這段期間，可謂是龍馬後半生的奔走生涯中，最幸福的三個月」，知道他後來的遭遇，這段文字讀起來竟有點感傷。

如今的塩浸溫泉，就在前往霧島的馬路邊上，沒有住宿，單純是湯屋。但因為大人物來過，便以「龍馬與阿龍之湯」大做宣傳。若要住宿，就要再繼續上行，約二十分鐘車程，即可抵達霧島溫泉的聚落。我算過這裡大約有十家溫泉旅宿，大抵稍顯老舊，只能訴諸情懷，但早晨山谷中冒著白煙的景觀，依然別有一番風情。

但其實目前的聚落中心，並非龍馬與阿龍當時之目的地，而是繼續往山上不遠，到硫磺谷溫泉。這裡有一家「硫磺谷溫泉霧島飯店」，就完全是以龍馬為號召，算是當地等級較高的旅宿。飯店中，甚至有個小小的龍馬博物館，陳列著手槍以及書信的複製品。

龍馬泡完溫泉，傷勢已大致痊癒，便生出了遊興，在霧島周邊進行遊覽，除了決定要去爬日本神山之一的「高千穗峰」之外，還參拜了霧島神宮。儘管日本各地都有大大小小的神社，但畢竟只有少數有資格被稱為「神宮」，對於神道教，我自認為理解尚淺，無法做太多說明，但也知道九州南部，乃是諸多日本神話創世之鄉，特別是基於山岳（火山）的自然崇拜。尤其是許多觀光簡介中，都會提到這裡是南九州最大的神社，如今當然也成為熱門的觀光景點。在曾去過的諸多神社或神宮中，霧島神宮特別令我感到一種「壯盛之靈氣」，即使不是為了龍馬，有機會都值得來走走。

高千穗峰

鹿兒島縣　霧島市　霧島田口

若是熟悉日本上古神話的讀者，或許知曉「天孫降臨」的典故。當然，或許你是日本酒的愛好者，可能也知道，有一款知名的宮崎縣神樂酒造製作的芋燒酎，也叫這個名字。

日本神話，無論情節或神的名字，都不容易記；用最簡單的說法，天照大神派遣她的孫子「瓊瓊杵尊」，帶著三種神器、一眾天神，下凡來統治人間（葦原中國），神們降臨的地點，就在高千穗峰。可以說是神道教的聖地之一。

龍馬和阿龍在霧島各地泡溫泉之後，興起了登山遊覽的念頭，目的地就是高千穗峰。關於他們登山的路線與詳情，龍馬寫了一封圖文並茂的書信給故鄉的姊姊，因此後人對於這段過程知之甚詳，簡直是早期的旅遊部落客（笑）。

高千穗峰的海拔是一五七三公尺，應該不算太難走，如果有機會，也真想爬一次試試。但如果和我一樣，時間不夠，也可以到「高千穗河原」的遊客中心一訪。

從霧島溫泉，自駕前往遊客中心，車程大約二十多分鐘，沿途皆是彎曲的小山路，但路況良好。根據遊客中心的標示，若是步行前往峰頂的「天逆鉾」，據說去程只要一個半小時。但那天我並無登山的準備，所以就在遊客中心，透過望遠鏡遠眺。遊客中心還很貼心地做了一組模型，讓無法登頂的旅客也能感受。甚至對於龍馬的整趟行程，都有完整的圖說。

龍馬登頂時，還很調皮地將「天逆鉾」拔出來看。這可是代表天皇乃神仙子孫「萬世一系」之象徵，龍馬這樣的行為，若是讓那些高喊尊王攘夷的志士知道，簡直是大逆不道。但也正可看出，龍馬和一般志士最大的不同，就是他有一種非常「現代」的科學性格。

我對於日本神話的興趣或認知，有很大一部分，是來自安彥良和大師的漫畫作品《大國主》、《神武》（一九八九—一九九五年間作品）。這兩部漫畫，試圖將神話中的神們，放在凡人的世界與歷史，想像當初他們的生涯際遇，到後來如何被神話化。我個人認為是非常精彩的設想，無論臺版或日版，都反覆讀了許多遍。許多神話，或許原本都是凡人的奮鬥故事，只是在文字與信史產生前的時代，透過口語代代相傳，才建構起來整個體系。雖然情節與神話多有出入，但對於熟悉神的名字與個性，頗有助益。

自然堂

山口縣　下關市　阿彌陀寺町　高知　五島

若你回到今日的長崎，勝海舟當年長駐的「海軍傳習所跡」前方的大馬路，沿著右側步行約五分鐘的巷中，便可找到長崎法務合同廳舍。有心的人或許會留意到，就在廳舍大樓前，有一座正坐著彈月琴的女性銅像，寫著「阿龍與月琴」，旁邊還有一座石碑與說明牌，碑上寫著「勝海舟、坂本龍馬故緣之地」小曾根邸之跡。這正是龍馬來長崎創辦社中時，找到的幾位投資人與生意夥伴——小曾根乾堂的舊居，也算是龍馬在長崎的「基地」之一。為什麼在這裡會有阿龍的銅像呢？

從慶應二年（一八六六）元月，龍馬在京都的寺田屋被襲擊負傷，同年三、四月間，帶著阿龍到鹿兒島養傷、旅行，一直待到六月初，才離開鹿兒島。在這段期間，龍馬失去了十多名夥伴。

他的同鄉老友——饅頭屋的近藤長次郎因故切腹，以及遇上暴風而在長崎五島列島附近觸礁沉沒的「巨浪號」（Wild Wave），龜山社中的十二名夥伴殉難，包括也是同鄉的優秀青年，池內藏太。

在龍馬所有的夥伴裡，長次郎的老家和他的最近，而且早於龍馬拜在勝海舟門下，一路從海軍塾跟隨到龜山社中。長次郎有知識、有商業頭腦，還能說一點英文。但由於他在替社中買船的過程，私下向哥拉巴提出要求，希望能到英國去。此舉被社員發現後，認為他以公濟私，強迫他切腹謝罪。龍馬聞訊，痛悔不已，說他若在，絕不讓長次郎白白犧牲。

根據說明牌，長次郎切腹的地點，就在小曾根邸內的梅花書屋，後來也葬在他們家位於皓台寺的墓園，可見小曾根家對他的欣賞與重視。

五島列島上，則有龍馬為巨浪號的夥伴們立的墓，後來此地也立了龍馬的雕像。我曾動念前往，只是從長崎到五島，無法當天來回，必須過夜，當下時間有限，在長崎港的渡輪碼頭徘徊一會，還是只能先拍下時刻表，想著未來有機會再去，這也是極少數我尚未能完成的龍馬史跡巡禮。港內另一頭，停泊著作為遊覽船的「觀光丸」複製品，彷彿仍在提醒著我，不要忘了這個約定。

龍馬在乘船離開鹿兒島之後，曾分別去拜過他們的墓，但似乎也沒時間悲傷。因為幾乎在同時，幕府發起「第二次長州征討」，又被稱為「四境戰爭」，兵分四路圍剿長州。龍馬將薩摩的「櫻島丸」，改名為「乙丑丸」，作為長州海軍而參戰。此役幕府戰敗，年輕的將軍家茂，病死在大阪城，年僅二十一歲。天意與時勢，似乎不站在幕府，而站在薩、長這邊。第二次長州征伐之後，幕府內部自亂陣腳，直到十二月，才確認由德川慶喜，接任第十五代將軍，而他也將是「末代將軍」。

龍馬從六月，直到隔年（一八六七）四月，便以長崎與下關兩地為中心，忙碌奔走。一方面執行社中業務，與長州的高杉晉作、桂小五郎，以及薩摩的五代友厚，都密切往來。甚至引起了土佐的後藤象二郎之注意。

由於龍馬奔走於國事，無法帶著妻子同行，阿龍因而有段時間寄住在長崎的小曾根家，為了排遣寂寞，乾脆專注於學習念想已久的月琴，後來又隨著龍馬，來到下關的伊藤助太夫家。這小曾根與伊藤都是豪商，再加上以前資助過龍馬、支持高杉晉作的白石正一郎，形成了薩、長之間，綿密的通商（包括軍火）脈絡。

許多去過福岡的遊客或旅人，或許都曾搭電車前往小倉，再到門司港欣賞海景，以及美麗的驛舍（車站）與明治時代的紅磚建築群，或搭船過海到對岸的下關唐戶市場，步行去參觀甲午戰爭後簽訂馬關條約的史跡「春帆樓」（日清講和紀念館）；但不知道有多少人會注意到，伊藤助太夫家「本陣伊藤邸跡」，就在這知名歷史觀光景點的下方？

我也是在某次前往春帆樓的隨意小旅行中，意外發現這塊牌子，上面不僅寫著「龍馬與下關」，還放上了據稱是阿龍年輕時的相片。但根據近年專家考證，這張廣為人知的相片，很可能是誤植，現存的阿龍相片僅有晚年容貌比較可信；只是像中女子美麗，符合一般對阿龍之想像，人們也就繼續當真。

倒是龍馬自己，的確在此地留下他為數不多、流傳到後世的相片之一，像中有三人，左右兩側分別是伊藤助太夫與其佣人，龍馬以悠閒的姿勢坐在中間。據稱龍馬夫婦在下關度過一段短暫的快樂時光，他們住的房舍名為「自然堂」，也成為與龍馬有關之店家或場地愛用的名稱。

這是龍馬生命中，最後的幸福時光。

平安神宮

京都府　京都市　左京區

二〇〇五年，是日本平安時代知名的陰陽師安倍晴明「千年大祭」之年，我曾應出版社之邀，召集了一趟「陰陽師與平安京千年之旅」，在專研日本文學的蔡佩青老師之帶領下，造訪了與安倍晴明活躍時代有關的京都寺社與皇宮，包括當時依然需要申請才能入內參觀的京都御所。

而也是在那趟行程中，我才理解最初遷都「平安京」，亦即後世所稱的京都這座城市之身世，以及它作為「東青龍，西白虎，南朱雀，北玄武」四神相應之地的風水地理，而其中作為代表性的造訪目的之一，便是平安神宮。

平安神宮，是京都知名的景點，相信很多人在初次參加旅行團時，都已經造訪過。它是在明治二十八年（一八九五）才落成的，按理說和龍馬當然沒有直接關係。

平安神宮原本主要祭祀的是第五十代的桓武天皇，也就是在西元七九四年，將都城從長岡京（奈良）遷到平安京，從此奠定京都「千年繁華」的天皇。但是在昭和

十五年（一九四〇），又加進了第一二一代的孝明天皇為祭神。換句話說，平安神宮，祭祀著以「平安京」為都城的時代，最初與最後的天皇，共計跨越一千零七十四年。從另個角度，也可以說是對京都這座城市的致敬。

孝明天皇在位的期間，是一八四六—一八六七年，而標示著幕末的「黑船來航」，則發生在一八五三年。他在位的時期，可謂完整經歷了幕末的動盪。而他所使用過的年號，包括弘化、嘉永、安政……直到元治、慶應，也都是敘述幕末事件時，常提到的。更不用說，我們常常寫到的「尊王攘夷」，這位「王」，指的便是孝明天皇。就在龍馬生涯最後的這一年，約莫開始與後藤象二郎會談的同時，天皇「崩御」，虛歲三十七。回頭來看，是多麼年輕且憂患的一位天皇啊。

皇太子睦仁親王即位，便是後世所稱的明治天皇。似乎也預示著新時代的來臨。

清風亭跡
馬が、土佐藩士・溝渕広之丞と
の料亭が、この場所にありました。
活動にまい進することを約束し、
から、この「清風亭会談」は
の計らいで、長崎の芸妓
馴染みの芸妓として記されています。
しばしば登場しており、土佐藩と
送別の宴が開かれています。
灯篭ずつあったといわれますが、
もっと大きな料亭であったとも
や明治初期の地図などから

清風亭

長崎縣　長崎市　萬屋町

龍馬傷癒之後，從慶應二年（一八六六）六月，直到隔年四月間，主要以長崎與下關兩地為中心，忙碌奔走。

如果對九州的地理有點概念，就會發現，長崎的位置，幾乎正好位於長州的下關，與薩摩的鹿兒島中間點，同時又是對外商貿的窗口。龍馬要執行薩長之間的貨物交易，又要替兩藩從海外購買船隻和槍砲，將社中開在這裡，實在非常理想，同時更可以體認，為何他一定要促成薩長同盟的決心。然而眼見薩長之間如此興旺，終於引起了龍馬的「老家」，也就是土佐藩的注意。

土佐的山內家，因為是拜領幕府之封地，不像薩長（特別是長州）與幕府有夙怨，理論上應該是要站在幕府一方才對。但審度時勢，也不想在新的時代缺席，因此透過藩的參議後藤象二郎、龍馬的舊識岩崎彌太郎，與對方開始接觸。

龍馬既是二度脫藩的浪士，社中也有一群以前土佐勤王黨的志士（同時已都脫藩），與作為迫害勤王黨的上士代表之後藤，同樣有不共戴天之仇。龍馬並不是不理解這點。但，如果連薩、長，都可以聯手了，浪士與上士之間，為什麼不能找到共識呢？

「一切都是為了打造讓每個人都可以快樂生活的全新日本。」在這樣的主張下，後藤象二郎和龍馬，在長崎的清風亭展開會談。與龍馬熟識的舞伎阿元，也在現場。

大河劇《龍馬傳》第四十回〈清風亭的對決〉，把這場會面拍得張力十足，我每隔一段期間重看，依然覺得幾乎是全系列中，最精彩的幾集之一。飾演後藤的青木崇高演技全開，連福山雅治都暗自佩服。在我看過的訪談中，提到福山即使沒有通告，都會來看青木演戲，算是相當的肯定。

後藤與龍馬最後達成協議，由土佐藩出資，將原本的龜山社中，改組為「海援隊」，有來自薩摩、土佐以及豪商們的資金，等於是將公司增資擴大了。

那是在慶應三年（一八六七）舊曆四月的事。

從料亭「花月」所在的丸山町，往北步行經過浜町，再來到萬屋町，便是過去清風亭所在的區域。

有首知名的演歌，叫做〈長崎今日又逢雨〉（長崎は今日も雨だった），是幾代人熟悉的旋律，而回想起來，我初次到長崎，便是下著雨，再訪丸山町的這天，亦是雨夜，也難怪這首演歌歷久不衰。

雨夜的長崎，特別適合彩色與黑白的交互呈現。清風亭雖已不在，徒留一塊解說牌，但沿途發現的小店與街景，依然是長崎的魅力。

一八六七

晉作之死

山口縣 下關市 新地町

慶應三年（一八六七）舊曆四月，在龍馬與後藤象二郎會談並各自斡旋之後，將原本的龜山「社中」，改稱「海援隊」。然而就在龍馬的事業，看來就要鴻圖大展的同時，卻傳來了好友高杉晉作亡故的訊息。

高杉晉作，是長州藩士。由於是世襲武家，得以在很年輕時，就受到藩的重點栽培，不僅入過藩校（明倫館），也曾在吉田松陰的松下村塾學習。後來又先後被派往江戶、東北，甚至上海去遊學，可謂當代有識之士。高杉歷經尊（王）攘（夷）運動、下關戰爭、創設奇兵隊、功山寺舉兵、四境戰爭等，除了反對出兵京都的禁門之亂以外，幕末長州的戰事，幾乎無役不與。

晉作與龍馬的交往，最早可溯及四年前（一八六三），根據久坂玄瑞的日記，曾在江戶，與高杉晉作、武市半平太、坂本龍馬，於「萬年樓」共飲。這個萬年樓究竟在哪，已不可考，那也是龍馬拜入勝海舟門下的前後。二人真正熟識，乃至肝膽相照，應該是在龍馬來到長崎之後。高杉將他從上海買回的手槍贈與龍馬，在寺田屋遭難時發揮作用，二人可謂生死之交。

但高杉患有肺結核，終於在虛歲二十九時，病發亡於下關。這位幕末奇男子，「東洋一狂生」，當真是如彗星般耀眼而短暫的人生，留下生者之慨嘆。

從下關驛西口出來，沿著大馬路步行幾分鐘，首先就會經過曾經資助龍馬與晉作的白石正一郎邸跡；再往前不遠拐進小巷，在社區的路口，便可找到「高杉東行終焉之地」，東行，是晉作的號。有時不免會想，如果在臺灣，住宅區旁邊，有這麼一座紀念碑，住戶是會覺得觸霉頭呢，或者也會去整理、獻花？

看完此地，別急著離開。沿著巷道繼續前行，可來到一座嚴島神社，這座神社裡面，有晉作生前最後階段的「療養之地」，以及一座奉納的大太鼓和紀念品。甚至連神社鳥居旁的串燒店，都取名「晉作」。散發著濃厚樸實的昭和鄉土味。

高杉晉作，不是葬身在平和的故鄉萩，而是在自古以來，發生過數次海戰與決鬥的風雲之地下關，也算符合他的風格吧。

鞆之浦

廣島縣　福山市　鞆町

若搭乘山陽新幹線，位於岡山和廣島之間，有一站「福山」，在這裡下車，從驛前搭往「鞆港」的巴士，約半小時，就可以抵達「鞆之浦」。這個「鞆」字，因是日式漢字，我見有人讀一聲「兵」或三聲「丙」，或直接拼音「tomo」。鞆之浦，原本不在臺灣旅客的常遊名單中，但近年，的確也有些報導刊載。同樣地，如果不是因為龍馬，或許我也不會發現這個美麗的港町吧。

慶應三年（一八六七）舊曆四月，龍馬的海援隊，好不容易向四國的大洲藩，借來了一艘「伊呂波丸」（いろは丸），準備從長崎航向大阪，進行初次的貿易航行。眾人對於這趟航程，無不寄予厚望。沒想到，當船航行到瀨戶內海，因夜晚濃霧視線不佳，竟遭到另一艘紀州藩的軍艦「明光丸」撞上，而且還撞了兩次。由於明光丸噸位較大，伊呂波丸受到重創，儘管試著勉強拖行往鞆之浦，最終還是沉沒，船貨兩失。龍馬等人因為登上明光丸，並無人喪生，但出師不利，無論如何都要讓紀州藩賠償不可。雙方從鞆之浦，一路談判到長崎。紀州藩仗著自己是德川「御三家」，原本姿態甚高，後來龍馬搬出「萬國公法」，又請來英國的海軍提督當判官，成功地獲得鉅額賠款。脫藩浪士告贏德川御三家，似乎再次宣告幕府，已是時代的強弩之末。

轉往長崎之前，龍馬等人在鞆之浦待了四天，並陸續在「桝屋」宅，以及號稱「日東第一形勝」的福禪寺對潮樓等處談判。如今這些地點，都成了鞆之浦這個小漁港最珍貴的觀光資產。來到鞆港，不僅剛下巴士，就遇見「龍馬觀音」，而且鎮上還設有「伊呂波丸展示館」，館內雖不大，資料卻異常豐富；甚至還重現了ＮＨＫ曾水下探勘的場景。而龍馬曾居住或躲藏的民家與商家，更是推出各種主題餐食與展示。其實，鞆之浦本身就是個具有歷史意義的漁港，甚至保留了古代的燈塔與碼頭等設施，有著小巧的街道，商家也頗具特色，甚至還是多部小說與電影的場景。但日本有特色的港町眾多（例如附近的尾道），若非龍馬在此發生船難，或許也不會有更多人注意到鞆之浦吧。

附帶一提，動畫大師宮崎駿，也曾來此小住、取材，發想故事。是的，《崖上的波妞》，人物造型與場景的靈感，便是來自鞆之浦。老爺子當時曾住過的地點，便是龍馬也曾躲藏過的老宅，現名為「御舟宿伊呂波」（御舟宿いろは）。

身為龍馬的愛好者，可不能錯過這個港町。

夕顏丸

如果說歷史旅行者的小確幸，是親臨現場看到史跡（哪怕只是小小的紀念牌），但有些歷史發生的現場，物理上已經不存在，然而它又是重要的，就只能靠展示與收藏，試圖再現了。

慶應三年（一八六七）舊曆六月，順利解決了「伊呂波丸」紀州藩賠償事宜之後，龍馬終於可以推行他的下一個主張：「大政奉還」。用最簡單的說法，雖然龍馬促成了薩長同盟，但他發現這兩藩，目標是以武力推翻幕府；而龍馬主張以非武力的方式，促成日本的近代化，唯一的方式，就是說服德川幕府，主動將權力交還給天皇。

這其中當然還有許多複雜的關於新政府體制之想像，但我自己的體會，當時的龍馬，對於德川慶喜還是抱持期望的。如果能夠在和平的狀態下，過渡到類似君主立憲的體制，而仍由熟悉政事的前幕府官僚去運作，或許也是不錯的結果。

為了達成這個目標，必須請出土佐藩的老藩公，「鯨海醉侯」山內容堂進京當說客。因此龍馬和後藤象二郎也搭乘藩船「夕顏丸」，由長崎出發前往大阪、京都。正是在這趟航程中，龍馬提出了知名的「船中八策」。這些條文，原本是由龍馬對後藤口述，經由海援隊士——長岡謙吉記錄下來。後來在維新成功之後的明治元年，明治天皇對天地神明提出五條「御誓文」，確立新政府體制，咸認就是從龍馬這八策濃縮精華而來。可見那是多麼重要的歷史時刻。

但那時刻，由於是在海上發生，「夕顏丸」又早已不在，便無史跡可尋，難免寂寥。由「船中八策」整理而成、龍馬手書的「新政府綱領八策」，現存正本尚有兩份，分別在東京與下關。幾年前我購入《坂本龍馬大鑑》，中間便附有此文件的副本。

附帶一提的，海援隊當時不僅僅是個貿易商社，也是個學問機構。曾經出版一些書籍，例如英語課本，還有一本隊士的政論集《閑愁錄》。而由於《萬國公法》在與紀州藩談判時幫了大忙，龍馬也曾想助印廣發，但似乎未曾實現。

龍馬的人生，至此可謂已呈現波瀾壯闊的格局，但總有世間雜事糾纏。實現薩長同盟時，他在寺田屋被砍，不得不養傷大半年；正要推動大政奉還時，遇上伊呂波丸的撞船事件，又花了個把月，與紀州藩周旋。

其實那心中的急切與無奈，我是很可以理解的。

酢屋

京都府　京都市　中京區

之前在伏見寺田屋旁，見過一條「龍馬通」；而長崎通往龜山社中的山路，也叫「龍馬通」。其實在京都市區，還有一條「龍馬通」，只不過是很小的一條巷弄。這條巷弄就在三条河原町旁，我曾走過很多次。如今查地圖，發現巷子裡二〇一八年開了新的旅宿，京都十字飯店（Cross Hotel Kyoto），這也提醒我，二〇一八年之後，就未曾「上洛」或「進京」了……

龍馬要做的事，似乎總是一波三折。當他在「夕顏丸」上講述完成了「船中八策」，與後藤象二郎趕到京都，準備向山內容堂報告，沒想到容堂因為參與「四侯會議」不順利，已經提早返回土佐，撲了個空。

但既然來到京都，總要辦點正事。其中之一，就是參與了「薩土盟約」。嚴格來說，無論是薩長同盟，或是薩土盟約，最初主要奔走推動的，是龍馬同鄉的志士——中岡慎太郎。龍馬只是在最終的關鍵時刻，發揮了促成或見證的作用。關於盟約的細節，就表過不提。

其次，就是替海援隊，在京都找一個據點。在《龍馬傳》劇中，這想法是由陸奧陽之助提出，中岡慎太郎引介，在土佐藩邸附近，找到一家木材行「酢屋」。老闆嘉兵衛，也是熱心支持志士的人，因此就將木材行的二樓，提供給海援隊作為京都辦事處。

而「酢屋」所在的位置，正是前述三条河原町旁，現在被稱作龍馬通的巷子內。在我去過的京都史跡中，「酢屋」可謂是保存得最接近原本樣貌的一處。現在一樓作為藝品店，二樓則作為小小的史料館，遊客可以付費上樓參觀。有一次正好在十一月十五日，龍馬忌日當天前往，店門口還擺設了祭壇。是否每年都會擺，就不得而知。

當初龍馬是在伏見，受了奉行所官員的襲擊，負傷後離開京都；此番再回來，依然是「通緝犯」的身分，因此戲劇中也有安排，他受到新選組追殺的橋段。想要改變世界或體制的人，必然受到舊體制擁護者的仇視，想方設法要阻撓或消滅他。以前如此，到現在也是如此吧。

最後歸鄉

高知縣　高知市　種崎

龍馬與後藤象二郎，前往京都未能見到山內容堂，只好分頭各自繼續行動。

在這段期間，龍馬除了回到下關與阿龍短暫相聚以外，在長崎（又）發生了一件「伊卡魯斯號英國水兵殺害事件」，由於誤認海援隊士為兇手，驚動英國領事巴夏禮（Harry S. Parkes）向土佐興師問罪。這事件從慶應三年（一八六七）舊曆七月，折騰到九月中。所以說龍馬要推動大事，似乎歷史本身有種抗力，不能讓他太容易成事。畢竟「大政奉還」真正的意義，是要結束「武士（統治）的時代」，如果從足利尊氏算起，將近五百多年的世道。

在九月下旬，有一件在龍馬的生涯史上，值得特別一提的事：就是在脫藩五年半之後，龍馬終於再度回到了土佐。他這次返鄉，是為了運送一千三百鋌洋槍（一說一千鋌），要強化土佐的近代武力。因應未來情勢發展，有可能與幕府或是薩長，發生戰爭。同時也藉此行動，讓後藤象二郎可以繼續說服山內容堂，令他速下決斷。

在大河劇《龍馬傳》的倒數三集，也就是第四十六回中，有龍馬與容堂面對面的情節，可謂是該劇結束前的最高潮。因為就戲劇結構與效果來看，《龍馬傳》前四十六回的最大反派，可說正是山內容堂。主角和反派最終的「對決」，讓劇情更有張力、也更好看。不過在現實歷史中，龍馬這次「最後的歸鄉」，並沒有那麼戲劇性。雖然他在成為海援隊隊長的同時，理論上已經再度被豁免脫藩之罪，但藩內還是有很多人不知道。為了避免不必要的麻煩，龍馬並非大搖大擺地進入高知城，而是在上岸後，先躲藏在桂濱對岸的「種崎」，船夫中城助藏的家，等候藩內官史的疏通與安排，直到六天後，才短暫回老家一晚。

我為了去尋訪「中城家」，開車來到種崎。這裡有座千松公園，是露營場，旁邊便是海水浴場。或許因為冬天，海岸非常蕭瑟，和對岸的桂濱相較，更能體會當初龍馬回鄉時的心境。前述提到的劇中，還有一段情節，是藩內的上士，得知龍馬回鄉，跑到海岸來堵他，找他麻煩。龍馬的心中應該還是很無奈吧，明明要推動的就是讓整個日本團結、面向世界的大業，偏偏有人還糾結在上士下士等，這種無聊的身分與階級之爭。

龍馬當時回家一宵，便又匆匆離去。或許誰也未曾想到，那是他與故國和家人，最後的訣別。

龍馬紀念館

高知縣 高知市 浦戶

對於龍馬來說，他的志向在大海，而故國土佐高知，又是受北太平洋風土與物產影響之地。儘管脫藩時經由山路，但回鄉時從海上來，進浦戶灣，上岸種崎。

無論如何，浦戶灣外，桂濱的海灘，既是年少時期看海賞月，又是如今歸國首見的故鄉景致，倘若要替龍馬建一座紀念館，沒有比桂濱更適合的地方了。

高知縣立坂本龍馬紀念館，便設在桂濱海岸上，居高臨下的浦戶城原址旁。

浦戶城，原是山內家進封之前，「長宗我部」氏的居城，可謂是土佐下士們的元祖，這又賦予了另一層深刻的意義。我知道有很多人去過這座紀念館，但如果你是《龍馬傳》播映當年去的，那麼強烈建議要再去一次。因為二〇一八年華麗的新館落成，不僅新增許多文書收藏品，整修後的舊館中關於龍馬生涯的展示動線也更清楚完整。

如果和二〇一七年開幕的高知城歷史博物館，搭配起來參觀，就是完美的行程。

從種崎的中城家，開車過浦戶大橋，前往紀念館，車程僅約十分鐘；從橋上經過

時，餘光極短暫地瞥向兩側，分別是航向大海、以及進入高知的風景，這便是龍馬故鄉的風土，此行已是我第三次來到這座紀念館，卻是初次從這個方向前來，感覺獲得了更完整的體驗。

龍馬紀念館的舊館與新館，分別落成於一九九一和二〇一八年，也代表了兩個時代截然不同的建築設計風格，對於我們這種走過八〇、九〇年代的「昭和男」，別有一番對照之樂趣；儘管龍馬生平的史料與遺留的書信，分散在京都、東京等大型國立博物館，或私人收藏中，然而對於幕末歷史有興趣的旅人，這座紀念館毫無疑問是絕對無法錯過的，尤其在新館落成之後，更是全日本最完整呈現龍馬事蹟的場所，甚至特別為同鄉的約翰・萬次郎另闢一間展室，象徵著高知與世界的連結。

不遠處的「上龍頭岬」，矗立著十三・五公尺（含臺座）高的龍馬像，幾乎已成為高知觀光的形象與地標。這是在昭和初年，高知的學生發起募款，為了以龍馬為學習榜樣，自發籌建的，在高知城博物館亦有說明展示銅像籌建的過程。年輕的時候，我曾立下心願，要前往世界上三座人物銅像，其一便是高知這座龍馬像，其二則是古巴聖克拉拉的切·格瓦拉像，至於第三座尚未實現，是位於西班牙巴塞隆納的哥倫布像。或許反映了青年的自己，對於革命與發現的熱情。

一八六七

龍馬以他留下的最知名相片之站姿，望向太平洋，彷彿靜述著未竟之志；當然，這還不是結束，「大政奉還」最後的舞臺，仍在京都，等候著他。

大政奉還

京都府 京都市 中京區 二条城町

終於，來到了「大政奉還」的日子。

慶應三年（一八六七）舊曆十月六日，龍馬乘坐「胡蝶丸」由高知抵達大阪，四天後進京。在這段期間，後藤象二郎取得了山內容堂署名的「大政奉還建白書」，同步前往京都，進呈幕府。

十月十三日，龍馬為了躲避追緝，由原本居住的海援隊辦事處「酢屋」，轉移到了河原町蛸藥師的醬油商「近江屋」，他也在這裡，寫下給後藤「決死覺悟」的書信。大意是，如果幕府不接受大政奉還的建議，不得已只能走上武力倒幕、全面內戰一途，不僅後藤要切腹，他也會率領海援隊士，殺入二条城，玉石俱焚。頗有一種，大家既然要一起做大事，結果成敗都共同承擔的氣魄。

這天，德川慶喜在二条城，召集在京的十萬石以上諸藩重臣，表明了大政奉還的意圖。並於隔天向朝廷上表。無論小說還是大河劇，這都是情節的最高潮。一介脫藩浪士，在奔走四方的過程中，學習並融合了當代有識之士的觀點，搭配己身的思考與行動力，力抗雄藩之開戰意圖，直接或間接地促成日本近代史上，最關鍵的事件。

這就是坂本龍馬，為什麼受到眾多後人景仰與喜愛的原因。儘管有些嚴肅的史家，認為這些歷史進程，基本都還是基於各藩政治運作之結果，龍馬頂多只是個跑龍套的角色；但龍馬的人格魅力，依然鼓舞著每一代的「志士」。

以往我認為龍馬是個革命者，後來更傾向創業家。但並非說創業，就不該關心家國政事。甚至可以說，運用自己的影響力，將政局扭轉為對創業乃至社會有利的局面，未嘗不是更高的境界。

大政奉還的舞臺，在京都二条城。這座當年代表幕府統治權威的建築，如今已是日本國寶、世界遺產。

我曾在自己創辦的網路媒體《旅飯》寫過一篇〈大政奉還一五〇年，體驗二条城的歷史魅力〉，援引其中幾段：

……在司馬遼太郎先生賴以成名的小說《龍馬行》裡，藉由龍馬的口中，提到這並非他的獨創，而是很早的時候，由二位幕府高官——勝海舟、大久保一翁提出的想法。

無論大政奉還最初的提議者是誰，從發想到執行的過程又經過了多少曲折，實際又產生了什麼影響……那些都留給如我這般的歷史愛好者去挖掘吧；對於一個旅人來說，能夠「親臨歷史現場」，也成為前往二条城旅行的強烈動機，或至少是參觀過程中的知識背景。

我曾經三度前往二条城。儘管都出自不同的原因，但每次走到「大廣間」，總是要停下來，腦中想像播演著當年的情境；其實什麼亭臺樓閣、門扉畫作、雕樑畫棟，在這個時空中都成了配角，那股「歷史的魅力」本身，已超越了這一切的實體環境，所謂旅行的無形價值，又豈是非歷史宅能夠體會的？

在回頭尋找二条城相片的過程，有點錯愕與挫折，竟沒有「大廣間」的相片。仔細回想，應是當年，室內不允許拍照。不知後來開放否？

近江路

福井縣　福井市　照手一丁目

近江路。おうみじ。

這是司馬先生《龍馬行》最後一章的名稱。我非常喜歡。簡體版改成「魂滿長空」，過於直白，反而失去了意境。近江路，指的是從京都往近江國的路，也標示著龍馬最後一趟出行的路線。

舊曆十月十四，大政奉還之日。十天後，龍馬以土佐藩使者的身分，帶著山內容堂寫給松平慶永（春嶽）的書信，動身前往越前福井。此行之目的，是為了替新政府延攬人才，需要福井藩割愛。

當初勝海舟要成立海軍塾，欠缺資金，正是龍馬去跟「天使投資人」松平春嶽，借了五千兩。他因此結識了顧問橫井小楠，以及藩士三岡八郎。

一般規劃龍馬之旅，往往會忽略福井這條線。但其實，作為創業之起始，以及生前最後的一趟旅程。福井實有著不可磨滅的意義。

如果有時間，我會非常樂意，開車甚至漫步，沿著琵琶湖東岸上行。一路經過安土城、彥根城、長浜城、小谷城，然後翻越山丘，進入福井平野。雖然對幕末史的熱愛多過戰國史，但這些城的名字，還是熟悉的。不過為了取材，還是只能從京都搭新幹線到米原，再轉搭「白鷺」，直達福井。

龍馬去福井，是為了請求春嶽赦免三岡八郎，並讓他出仕新政府。因為三岡雖是武士，卻擅長財政，對於「殖產興業」更有心得。龍馬與三岡見面的「菸草屋」（日文漢字寫作「莨屋」）旅館跡，位於舊山町，從車站步行大約二十分。鄰近的足羽川畔，有著三岡的銅像，以及他與龍馬的淵源說明牌。

三岡後來改名為「由利公正」，除了辦理產業，更曾出國考察、後來當到東京府知事、貴族院議員，封子爵。他活到明治四十二年，餘生感念龍馬的知遇之恩。

近江路，除了是這段旅程，更是詩歌名；而且神奇的，龍馬最後居住的地方，也叫「近江屋」。

我怎麼能不愛，這個寓意深遠的篇名。

龍馬之墓

京都府　京都市　東山區　清閒寺　靈山町

龍馬從福井回到京都，是慶應三年（一八六七）舊曆十一月五日。

他仍忙碌著，起草「新政府綱領八義（策）」等，並以可想而知的興奮，與幕府的永井尚志等人會談，同時也不忘交待長崎海援隊的商務與隊務。到了十一月十五日，志同道合的夥伴，陸援隊隊長——中岡慎太郎，來到他寄居的「近江屋」拜訪。

據說龍馬這天受了風寒，想吃軍雞（泰國鬥雞）火鍋，囑咐從僕藤吉去準備。就在這晚，京都見迴組的刺客掌握了他的行蹤，殺上近江屋二樓。來不及防備的龍馬當場斃命，藤吉隔天亡故，再隔天，重傷的中岡慎太郎不治。

關於暗殺的細節，以及種種陰謀論的傳聞，歷年來很多討論，但我不打算在此贅言。其實，光是「大政奉還」結束了武士階級數百年的統治，作為積極推動的「主謀」，就可以想像，有太多人、太多理由，要取龍馬的命。

在京都的東山，原有座「靈明神社」，是海援隊、陸援隊安葬隊友之處。龍馬三人，便被歸葬於此。後來幾經整理，便是如今的「靈山護國神社」。

由於近江屋早已不在，除了在紀念館中可以看到當時的現場模型，如今便是在熱鬧的河原町通，人行道旁，豎立著「坂本龍馬・中岡慎太郎遭難之地（近江屋跡）」。二〇〇九、二〇一〇年去的時候，原址還是便利商店。到了二〇一四年，已經變成名喚「京之蜻蜓」的迴轉壽司店。店內的餐飲，多以龍馬、土佐為主題。倏忽幾年，不知如今，依然安在否。

至於墓地，每年十一月十五日，是龍馬的生辰與忌日，儘管當年都是舊曆，但現在已合併到新曆，相對便利。京都龍馬會，在這天通常舉辦「提燈祭」、「墓前祭」等。初次去訪，正逢《龍馬傳》上映之前，匯集了許多人們，包括NHK電視臺、甚至連高知縣知事，都親自來祭拜。

靈山這座墓園，基本是幕末史的縮影。桂小五郎，後來改名木戶孝允，名列「維新三傑」，活躍於明治政壇；明治十年，於虛歲四十五英年早逝，後也歸葬於此，和諸多長州志士，以及龍馬等人，永伴長眠。從墓園眺望京都，遙想當年風雲，恍如隔世。

司馬先生的《龍馬行》，因是他早期作品，有許多虛構與未盡成熟之段落，但他越寫越進入情況，到了最後的篇章，更讀得出字裡行間投入了大量的感情。這些篇章

在彙整成書時，成為第八冊的主要內容，也是我最喜愛的一部，尤其是描寫龍馬被暗殺後的最後幾句話，可謂蕩氣回腸。這幾句話在不同中譯本中，各有不同的譯法甚至刪修，我綜合幾部譯作，再參照日文原書，整理成自己的版本：

> 上天為了收拾這個國家的歷史混亂局面，而讓這年輕人降臨至地上，當他的使命完成時，就毫無惋惜地將他召回天上去。
>
> 是夜，京都的天空雨雲密布，群星隱匿。
>
> 然而，時代已經轉變了。年輕人用他的手推開了歷史的門扉，開啟了未來。

坂本龍馬短短三十二年的生涯，至此落幕。然而我的旅行，尚未結束……

尾韻

一八六八——一八九七

澤村惣之丞之墓

長崎縣 長崎市 筑後町

司馬先生當年為了連載《龍馬行》，做了很多取材。有些不適合放進小說中的素材，便收錄在另一套短篇小說集，題為《幕末》。其中有一篇〈花屋町的襲擊〉，陳述了龍馬被暗殺的二十多天後（一八六八年初），在京都的海援隊與陸援隊士，找尋可能的兇手，並展開復仇的行動。海援隊以陸奥陽之助、陸援隊以田中光顯為代表，另外還有一些浪士參與。

他們預定襲擊的地點，是花屋町的天滿屋。話雖如此，但花屋町通很長，幸好地圖上有標示，這個史跡，約位於「花屋町油小路」附近，離西本願寺不遠，從巷弄看出去便是。陸奥他們鎖定的對象錯誤，這場襲擊也缺乏精密計畫，致使一名「十津川鄉士」中井正五郎殉難。我便是循著他的殉難地石碑，才找到這個地點。很平凡，但仍充滿古趣的街道。陽之助原本打算絕命復仇，但因計畫失敗，留得一命。他後來在明治政府中平步青雲，不但娶到漂亮老婆，還當到駐美公使、外務大臣，就是簽訂馬關條約的陸奥宗光。

同樣撿回一命的田中光顯，後來也當到宮內大臣，封伯爵。從政界引退後，做了很多保護幕末遺族與史料的工作，也包括將被遺忘的龍馬，帶回到歷史來。

以上是在京都，最後的一個龍馬相關史跡。走了京都那麼多地方，最後看完這裡時，忽然覺得有些寂寞，沒有人可以分享心情。

在另一趟旅程裡，我再度來到長崎。為求方便，就住在長崎驛共構的ＪＲ九州飯店。某天早晨，讓旅伴繼續睡，自己起了大早，漫步走向車站對面的小山丘。沿著階梯上行，首先會來到本蓮寺。這是當年勝海舟，在海軍傳習所期間的寄宿之處，住了四年。沿著山路繼續往上，就會來到一大片墓地。循著指示，我找到「村木氏外土佐住民諸氏之墓」，望文生義，當然就是以前住在長崎的土佐人之墓園。在墓碑的側面，其中有個名字，「關雄之助 延世」。是的，這就是我要找的人。

關雄之助，就是澤村惣之丞（的化名）。澤村跟著龍馬一起脫藩、一起流浪，之後同樣拜入勝海舟門下，參與海軍塾、龜山社中、海援隊，可說是追隨龍馬最久的夥伴。根據紀錄，他事實上也參與了上述的「天滿屋事件」，雖然司馬先生的小說中似乎並未提到。澤村能夠活到此時，按理說進入明治時代，仍應大有可為，卻在某次擔任長崎奉行所的警衛任務時，誤殺一名薩摩藩士。有責任心的澤村，擔心自己的過失，會影響薩土關係、維新大業，不顧他人勸阻，切腹謝罪。死時虛歲二十六。他跟著龍馬時，還是個二十出頭的少年郎啊。

那天早晨陽光明媚，我孤身在山坡上的墓地，並不感到陰森害怕。但雙掌合十向墓碑致敬時，山風卻忽然淒厲起來。二月的長崎，依然寒冷。就當作他們知道，我來了吧。當時的祈願，正如每次在相關的史跡致敬時一樣：請志士們，保佑我能平安走完全部旅程，並將這些故事寫出來。

從年輕開始，就有「英雄情結」，總是崇拜那些勇於改變世界、推動歷史的人物，後來在自己身處的產業與群體中，時刻以這樣的角色自許。在這趟旅程開始，以及過程中的許多時候，也總是以龍馬精神鼓舞著自己，從青年走到中年，終於來到了這龍馬同志們的歸宿；從高處遠眺長崎，回想一路上的追尋與閱讀，一個又一個幕末豪傑的名字，頓感半生庸碌，一事無成，自己卻已滿身傷痕。或許，把這些故事繼續說下去，鼓舞更多人走上探索與思考的旅路，就是我能夠對得起這些志士們的方式吧。

信樂寺

神奈川縣　橫須賀市　大津町

再度來到東京的品川驛，搭乘京急電鐵。由於目的地沒有直達車，所以搭到「金澤八景」，再轉乘前往「京急大津」。車程大約一小時。京急這條線我原本不熟。但有一次搭去「京急久里浜」，看黑船來航的紀念館；後來為了帶團前往「橫須賀中央」，竟然成了一條熟悉的路線。或許你會說，既然在同一方向，為何不一次看完呢？其實當時就是這樣，只能抓緊出差的空檔，逐次參訪。儘管來回反覆多花了時間，但仍不以為苦，反而建立了某種情感。

這一趟之史跡，是位於大津町的信樂寺。

龍馬的死訊，是在半個月後才傳到下關，他的妻子阿龍，所寄宿的伊藤助太夫家。此後，阿龍成了遺孀。曾經在寺田屋遭難時守護龍馬的三吉慎藏，按照他生前的囑咐，將阿龍送回土佐高知的坂本家；但阿龍畢竟是個強韌的「京女」，既與龍馬兄嫂不合，應也難以適應高知的鄉下生活，約三個月之後便離開。之後的阿龍，輾轉來到關東。

當時龍馬的舊識或手下，雖有些已在新政府任職，但終究難照料這位大嫂。根據她的回憶，在那段期間，真心伸出援手者，只有寺田屋的登勢、勝海舟，以及西鄉隆盛三人。明治八年（一八七五），阿龍嫁給一個擺攤子的小商人西村松兵衛，改名西村鶴，從此定居橫須賀，過著貧苦但或許相對自由的生活。她晚年酗酒，直到明治三十九年（一九〇六）才過世，享年六十四。曾是「天下第一豪傑」坂本龍馬的妻子，而且陪他走過幕末風雲的京女阿龍，在丈夫被暗殺後的這四十年，究竟是以什麼樣的心情生活著，始終是令人心懸的題材。

直到西元二〇〇〇年，編導鬼才三谷幸喜，寫出了《龍馬之妻與其夫與愛人》舞臺劇，並在二〇〇二年拍成電影，臺灣的片名譯為《坂本龍馬，他的太太和她的情人》。當年三十四歲的鈴木京香，飾演了片中的阿龍。在那之前，我始終算不上鈴木京香的粉絲，但看完那部電影，被她的美與演技所折服了。儘管整體來說是部喜劇，但她最終演出阿龍思念龍馬的徹底心碎，令人無比動容。順帶一提，在大河劇《西鄉殿》中飾演同一角色的水川麻美，也是意外令我印象深刻的演出；反倒是《龍馬傳》的真木陽子，受限於劇本人設，且沒有暗殺後的戲份，反而較難呈現角色的轉折。

一八七五

從「京急大津」步行前往信樂寺，標示三百五十公尺，很近。中間經過小小的街區，一些商店，都以龍馬與阿龍為號召。信樂寺雖不大，卻是一座美麗的寺廟。阿龍的墓，位於寺後方的墓園中，細心的人或許會發現，她的墓碑上，並未冠以後來改嫁的「西村」姓氏，而是直接寫著「贈正四位坂本龍馬之妻龍子之墓」。

這個過程，其實在前述的電影中，約略可理解其來龍去脈。畢竟，在阿龍亡故前後的明治時代，龍馬重新被奉為開國元勳，元勳的妻子，總是要有個地位。雖然對後來照顧或收留她的西村似乎不公平，但或許亦可視為那些飛黃騰達的故舊們，對龍馬與阿龍的補償吧。

楢崎龍，一個倔強、現代，歷經了幕末風雲的女子，長眠在這離海不遠的街町中。

魂歸北海道

北海道 函館市 末廣町

好一陣子沒飛了，所以整理相片時，看到機艙的風景，頓時感到懷念。

那天，搭乘樂桃航空，從桃園直飛札幌。那裡有好友井上先生，跟他開完會，晚上總帶我到市區裡他喜歡的餐廳和酒吧去。我們去的是 The Nikka Bar，點了經典的余市 smoky highball。很好的夜晚。

隔天我起了一大早，因為要趕搭早上六點五十三分發車的「超級北斗」，從札幌前往函館。

過往的印象，以為北海道一片平野，兩地之間的交通，應該透過筆直的高速公路最快。但實際上，從札幌所在石狩平野，到函館平野之間，幾乎全是山地。即使開車，也需要將近四個半小時車程。因而可以理解，這兩個城市，都算是海運時代的產物。函館原本便是港町，而札幌則是由小樽延伸過來。

一八九七

「超級北斗」的路線，沿著平野邊緣，先南行到苫小牧，然後一路沿著海岸，太平洋、內浦灣，進入渡島半島，從「駒之岳」火山下經過，路過大沼，才能抵達函館。全程約需四小時，已算是最快的陸上交通方式。車程雖長，但一路都是新鮮的風景，看膩了便休息或讀書，並不以為苦。舟車勞頓、路途遙遠地前往函館，為的便是造訪「北海道坂本龍馬紀念館」。

龍馬曾有將志士們，送往蝦夷地開拓的計畫。隨著他被暗殺，之後海援隊也解散，這個計畫，當然無法實現。龍馬本人，也未曾真正踏足北海道。龍馬的族名，是「坂本直柔」，由於他生前和阿龍並未生子，後來他們的香火，輾轉由大哥權平的養子「坂本直寬」繼承。到了明治三十年（一八九七），因為同鄉「武市安哉」（沒錯，是半平太與龍馬的親戚）的啟發，決定舉家遷往北海道，進行開拓。

是不是覺得神奇？前面講過那麼多武市與龍馬的故事，而他們的親戚與後人，相約走向了兩人曾經夢想的北海道。

坂本直寬，和龍馬並無血緣關係，但他的妻子春豬，卻是大哥權平之女。他們的兒子坂本直道，延續了坂本家的血脈，並過繼成為龍馬家第四代當主。坂本家的子孫，後來便一直待在北海道，雖稱不上開枝散葉，卻也延續香火。

正因如此的淵源，函館市在二〇一〇年，開設「北海道坂本龍馬紀念館」。館前的銘文上刻著，「西曆一八六七年十一月十五日，坂本龍馬蝦夷地上陸祈念像」，日期正是龍馬被暗殺之日，意思是，當時龍馬「魂歸北海道」了。

我從函館驛，搭乘路面電車，來到「十字街」。一下車，就可以看到位於路口的銅像，以及紀念館。館內的陳列不算多，大部分是以前曾看過的，但它們所代表的意義，畢竟是龍馬精神的延續。從十字街往港邊步行，幾分鐘就可以抵達觀光客必去的「金森紅磚倉庫群」。在港邊喝了咖啡，看一會海，就準備回到車站，搭巴士去函館空港，飛往東京。

在空港的免稅品店，看到了同樣是觀光客必買的「六花亭」點心，不禁微笑。龍馬家的第八代當主，坂本直行，是昭和年間，北海道知名的山岳畫家。而六花亭的包裝，便是坂本直行的畫作。看到這裡，你是不是發現，原來自己和龍馬，早已產生過連繫？如果你買過或吃過六花亭的點心。

在靠近道東「帶廣」附近的中札內村，有一座「六花之森」，設有坂本直行紀念（美術）館。因為地處偏遠嚴寒，每年只有夏季幾個月短暫開放。

都說旅行應該留點遺憾，才有再去的動力。我站在函館空港的六花亭前面，心中暗自許願。總有一天，要去到六花之森，參觀坂本直行美術館。並且好好地，品嚐北海道的美食、美味。

那，才是龍馬之旅，真正的終點。

一八九七

北海道坂本龍馬紀念館

北海道
坂本龍馬
記念館
坂本龍馬

跋

整理這些十年間陸續寫成的文字，是一段苦甜參半的過程。苦的是它們似乎永遠沒有被完成的一天，總是覺得還有更多可以寫；甜的不必說，在回憶中重走這些地點，總是得以令我暫時忘卻生活的庸碌，重回旅行當下的快樂。

當第一趟以龍馬為主題的旅行結束時，帶回來飽滿的能量與情緒，也令我有很長的一段時間，都主張並倡議「用龍馬的方式去思考」，但當旅行的時間拉長到十年，且人生又歷經了幾個不同的階段，而發生了諸多變化時，當初那些意氣風發，也早已成為昨日黃花、過眼雲煙，那麼，這些旅行的意義是否依然存在？便成為時常自問的課題。

近年某次到大阪出差，事務結束後正逢自己生日，那是在龍馬祭過後一個月的冬日。心想這既然是個特別的日子，儘管早已多年不喜熱鬧慶生，似乎也該做點有意義的事，於是又搭電車來到京都，招了計程車前往靈山護國神社，如同此前兩次來訪一般，買了票，再度走上了那熟悉的石階梯，再去看看龍馬。驚喜地發現，在他墓前，竟然供奉著金牌臺灣啤酒，想來也是本島同好，前去看望。

我忽然意識到，在這十年之間，原本對於龍馬或日本歷史可能不太熟悉、越來越多的臺灣人，或許因為大河劇或常來京都旅行，而對這些過去的史跡產生了感受，無論如何都是好事。因為臺灣的歷史，其實和維新後的日本息息相關，或有千絲萬縷的連繫。

於我個人來說，對龍馬的認知，從早期的「革命志士」，慢慢轉變成一位「不氣餒的創業者」，是一名願意以熱情和真誠去說服投資人的說客。這或許也和自身的生涯變化有關，但不變的仍是，他看世界與思考事情的方式。在開始這些旅程之後，我因為研究龍馬，而另外開啟了對於日本乃至東亞近代史的興趣，也確定歷史旅行的方向，這一項「遺緒」，到現今都依然是現在進行式。

而當我在世局的劇烈變化中感到疲憊，甚至失去方向或「人設」的時候，這段時間的整理，也令我重拾快樂，並體認到自己終究是可以從這些探索歷史與知識的旅行中，獲得許多樂趣的人。而那些我曾經去過不只一次的龍馬相關史跡，以及原本從陌生已變得熟識的城鎮，我並未對它們感到厭倦，每次的造訪，心中依然對映著當下的感受。

世人常說，要莫忘初衷，對我來說，或許就是這個意思。

這原是一場兩個人共同開始的旅行，而最終完成時只剩下一個人，但過程中畢竟留下許多很好的情景與回憶。儘管是因為自己的中年徬徨而無法延續，然而，對於當初願意和你一起展開這趟旅行，並陪伴走過許多枯燥史跡的旅伴，毫無疑問均仍心存感激。

攝於二〇〇九年第一次龍馬之旅

參考書目

在《工頭堅的龍馬之旅》的旅行與寫作過程中，參考書籍數量極多，僅列出主要影響之文本：

《明治維新：日本邁向現代化的歷程》，呂理州，遠流；新版更名為《明治維新：日本躋身列強的改革運動》，遠足文化。

《坂本龍馬》，黑鐵弘，遠流。

《日本人物群像》，陳再明，聯經出版公司。

《龍馬傳》，福田靖、青木邦子，如果出版社。

司馬遼太郎著作《竜馬がゆく》有數種中文譯本：

《幕末風雲：坂本龍馬》，萬象圖書。

《龍馬行》，遠流。
《坂本龍馬》，南海。
《幕末：十二則暗殺風雲錄》，遠流。

日文書：

《京都幕末地図本：龍馬完全年表付》，赤尾博章，ユニプラン。
《龍馬史》，磯田道史，文春文庫。
《坂本龍馬大鑑》，小美濃清明，KADOKAWA。
《一個人 坂本龍馬を巡る旅》（好友傅瑞德贈書）

另特別向以下作者致敬：
陳銘磻、洪維揚、張瑞昌、NARI、牛奶杰。
謝謝您們曾經的探索。

附錄　坂本龍馬年表

一八三六　●龍馬出生

一八四八　●進入日根野道場

一八五三　●前往江戶千葉道場

一八五四　●返回土佐　自河田小龍處學習西洋情勢

一八五五　●父親八平逝世

一八五六　●再度前往江戶千葉道場

一八五七　●協助山本琢磨逃亡

一八五八　●獲得北辰一刀流長刀兵法目錄

　　　　　●返回土佐

一八六一　●加入土佐勤王黨　以武市半平太特使身分前往長州

一八六二	●脫藩 ●面見松平春嶽 ●成為勝海舟弟子
一八六三	●成為海軍塾塾頭
一八六四	●二度脫藩 ●帶領夥伴投靠薩摩藩
一八六五	●在薩摩藩支持下於長崎開設龜山社中
一八六六	●薩長同盟 ●寺田屋遭難 ●蜜月旅行
一八六七	●改組為海援隊 ●伊呂波丸事件 ●船中八策 ●於近江屋被暗殺

工頭堅的龍馬之旅

從高知到北海道，尋訪坂本龍馬的足跡

作　　者 | 工頭堅

副 社 長 | 陳瀅如
總 編 輯 | 戴偉傑
主　　編 | 李佩璇
責任編輯 | 涂東寧
行銷企劃 | 陳雅雯、張詠晶
封面設計 | 許晉維
內文排版 | 簡至成
印　　製 | 漾格科技股份有限公司

出　　版 | 木馬文化事業股份有限公司
發　　行 | 遠足文化事業股份有限公司（讀書共和國出版集團）
地　　址 | 231 新北市新店區民權路 108-4 號 8 樓
電　　話 | (02)2218-1417
傳　　真 | (02)2218-0727
Email | service@bookrep.com.tw
郵撥帳號 | 19588272 木馬文化事業股份有限公司
客服專線 | 0800-221-029
法律顧問 | 華洋法律事務所　蘇文生律師

初版一刷 | 2022 月 11 月
初版五刷 | 2024 月 7 月
定　　價 | 450 元

ISBN 9786263143128
EISBN 9786263143357（EPUB）

國家圖書館出版品預行編目 (CIP) 資料

工頭堅的龍馬之旅：從高知到北海道，尋訪坂本龍馬的足跡 / 工頭堅著 . -- 初版 . -- 新北市：木馬文化事業股份有限公司出版：遠足文化事業股份有限公司發行, 2022.11
288 面 ; 14.8 x 21　公分
ISBN 978-626-314-312-8(平裝)

1.CST: 旅遊文學 2.CST: 日本

731.9　　111016410